Winfried Prost

Freiraum für die Seele

Winfried Prost

Freiraum für die Seele

Wie ganzheitliches Coaching öffnen und Weite schaffen kann

1. Auflage 2014

Gesamtherstellung Gerhard Hess Verlag
www.gerhard-hess-verlag.de

Dr. Winfried Prost
Hauptstraße 247
D 51143 Köln
0049 2203 297580
kontakt@winfried-prost.de
www.winfried-prost.de

ISBN 978-3-87336-514-8

Winfried Prost

Freiraum für die Seele

Wie ganzheitliches Coaching öffnen und Weite schaffen kann

Inhalt

Vorwort

„Wenn Du denkst, Du hast es gefunden, dann war es noch längst nicht alles!"

Dieser Satz begleitet und leitet mich durch viele Jahre, in denen ich Menschen als Coach begegne.

Zwischen Problemanalysen und Problemlösungen ist es schon einige Male passiert, dass sich jemand plötzlich unterbrach und sagte: „Ach, ich rede schon wieder drumrum, ich möchte doch eigentlich über etwas ganz anders sprechen." Und dann schüttete er sein Herz aus.

Umgekehrt habe ich auch selbst schon Gespräche aus einem intuitiven Gefühl heraus unterbrochen und gefragt: „Da muss doch noch etwas ganz anderes sein, was Sie belastet...?" Und wenn mein Gesprächspartner dann erstaunt erwidert: „Ja schon, aber ich weiß nicht, ob das hier in ein berufliches Coaching gehört", dann ermutige ich ihn darüber zu sprechen, weil nur ein entspannter, glücklicher Mensch zu beruflichen Höchstleistungen fähig ist. Und was jahrelang gestaut war, worüber der Betreffende noch mit keinem Menschen sprechen konnte, das findet dann – wenn es gelingt – vielleicht endlich einmal einen Platz und seinen Ausdruck und fällt womöglich für immer von ihm ab.

Aus dem Straßenverkehr weiß jeder, wenn an einer Stelle ein Unfall passiert, so kann sich der Verkehr kilometerweit stauen und zum Erliegen kommen. Genauso ist es, wenn ein Mensch mit einem Problem nicht klar kommt und es beiseite drängt und dabei vielleicht sogar vergisst. Es kann sein gesamtes Energiesystem blockieren. Und damit ist keine esoterische Energie gemeint, sondern seine Laune, seine Stimmung, seine Lebensfreude, seine gesamte Motivation.

Wenn es dann im Coaching gelingt, dem, was lange zurückgehalten worden ist, Ausdrucksmöglichkeiten zu geben, ihm einen entspannten, weiten Raum in der Welt zu schaffen, dann kann allein das schon der Trost und die Hilfe für einen Menschen gewesen sein, wonach er sich vielleicht schon viele Jahre gesehnt hat. Wer einen Raum hat, in dem er unverstellt so da sein kann, wie er ist, der kann sich entspannen und wieder frei atmen, fühlen und denken.

Menschen diesen Raum anzubieten und ihn aktiv zu schaffen, das ist es, wozu ich hier anrege, worüber ich hier berichte und wozu ich hier Wege zeigen will.

Köln und Zürich im März 2014

Winfried Prost

Weite

Zwischen Himmel und Erde,
zwischen Leben und Traum,
ersehnt sich das Menschenherz
Freiheit und Raum.

Es will sich dehnen,
ganz weit will es sein,
Ballast von sich werfen
und äußeren Schein,

es will pur sein und spüren,
sowohl Liebe als Frust,
mit dem Herz in der Mitte
wird dann Leben zur Lust.

Winfried Prost

Die Not der Enge

Warum Freiraum?

* Eine Unternehmerin aus Hamburg kam zu mir nach Köln zum Coaching und begann damit, mir unter Tränen zu berichten, wie sehr der Tod ihrer Mutter sie doch mitgenommen habe. Ich nahm an, der Todesfall sei vielleicht sechs Wochen her, erfuhr aber zu meiner Überraschung, dass ihre Mutter vor 28 Jahren gestorben sei. Als ich erstaunt fragte, warum ihr jetzt noch die Tränen bei der Erinnerung daran kämen, sagte sie: „Ach, dazu hatte ich in den letzten 28 Jahren keine Zeit. Das Unternehmen und die Kinder hatten immer Vorrang vor mir."

Was ihr gefehlt hatte, war Freiraum für ihr Herz und für ihre Seele. Sie war in der Enge ihrer äußeren Zwänge stecken geblieben.

* Jemand anderes deutete mir an, er habe seit Jahren ein schwerwiegendes Problem und noch mit niemandem darüber gesprochen. Er wisse einfach nicht, mit wem er darüber sprechen könne. Ob ich wohl der Richtige sei? Ich schlug ihm vor, es einmal auszuprobieren. Stockend berichtete er mir von seiner Frau und seinen zwei Kindern, und dass eigentlich alles toll sei, auch seine Frau. Er habe auch wirklich genug guten Sex mit ihr, aber er leide an einer fast zwanghaften Sucht, immer wieder zu Prostituierten gehen zu müssen. Er würde sich so schlecht und schmutzig fühlen, hätte immer das Gefühl, seiner Familie damit eine Schande anzutun, falle aber immer wieder in diese verdammte Sünde zurück. Was er tun solle?

Oh armes Herz, in welcher verzweifelten Enge lebst Du und an welcher Last trägst Du!

Ja mit wem soll man denn über so etwas reden? Da hängt die Moral wie ein Fallbeil über dem ohnehin schon Leidenden. Und wie groß muss die Not sein, um trotzdem darüber sprechen zu müssen? Und was muss ein Coach für eine Meisterleistung an Vertrauenswürdigkeit und Behutsamkeit im Voraus erbringen, dass ein anderer sich überhaupt so weit öffnet? Wie soll jemand, der schon jahrelang leidet und keine Lösung sieht, erwarten können, dass ein Coach – sofern der ihn nicht doch heimlich moralisch verachtet – dafür eine Lösung mit ihm findet? Die halbe Last ist wohl schon von der Seele, wenn man überhaupt einmal frei, ausführlich und in Ruhe darüber sprechen kann. Wenn die Seele angstfrei atmen kann, dann beginnt sie auch vielleicht schon, selbst neu zu fühlen und neu zu denken.

* Ähnlich befreiend war es für eine 36jährige Erfolgsfrau endlich einmal über ihre Verzweiflung bezüglich einer Brustamputation zu sprechen. Ihren Kollegen und Freundinnen gegenüber war sie in der Rolle der Powerfrau geblieben: „Ich habe alles im Griff und lasse mich nicht unterkriegen", aber ihre Panik, wieder krank zu werden, keinen Partner zu finden, allein und kinderlos zu bleiben, brannte täglich in ihr.

Und wie viel Überwindung kostet es, für ein solches Gespräch extra zu einem Coach zu gehen? Man kommt sich ja fast blöde vor, dafür zu bezahlen, um über seine Not zu sprechen.

Die beiden letzten Gespräche ergaben sich denn auch ansatzweise am Rande eines Seminars und wurden dann in separaten Coachings weiter vertieft. Da hatten die beiden bereits Vertrauen zu mir als Coach gefunden und konnten sich mir gegenüber vorstellen, so weit in ihrer Selbstoffenbarung zu gehen.

Gespräche über heikle und intime Themen finden mit guten Gründen nicht im vertrauten Familien- und Freundeskreis statt. Was man da einmal gesagt hat, bleibt für immer dort und auf Jahrzehnte hin gesehen, ist Vertraulichkeit dann kaum garantiert. Ein Bild oder eine Story klebt in einem dauerhaften Umfeld schnell für immer als Stigma an jemandem dran. Da ist es günstiger, mit einem Externen zu sprechen, der entweder vergisst, oder sich allenfalls Handlungsimpuls an eine ihm fremde Person erinnert, mit der er vermutlich nie wieder zu tun hat.

Wenn die liebende Seele abgewürgt wird

Um die Bedeutung von Freiräumen noch bewusster zu machen, will ich an einige Beispiele erinnern und von zwei anderen berichten, in denen hilfebedürftigen Menschen diese Hilfe (am Ort der Beratung) verweigert wurde:

Fast jeder kennt aus seiner eigenen Familie oder aus seinem Freundeskreis die Fälle einer von den Eltern verweigerten Eheschließung mit einem unerwünschten Partner. Fast jeder hat auch schon davon gehört, dass früher Töchter, die unehelich schwanger wurden, geächtet oder sogar verstoßen worden sind. Vielfach wurde ihnen sogar ihr Kind fortgenommen und sie wurden mit Partnern, die sie nicht und niemals liebten, verheiratet. Wer früher andererseits aus Angst und Verzweiflung ein Kind abtreiben ließ, machte sich nicht nur strafbar, sondern konnte ebenfalls für immer gebrandmarkt sein und mit seinem Elend und Makel für immer außen vor bleiben. Da gab es oft niemanden, der gnädig war und die vermeintliche Schande sollte sogar vielfach ausdrücklich zur Abschreckung anderer ein Leben lang sichtbar getragen werden.

Ähnlich ist es vielen ergangen, die sich in ihrer Familie oder öffentlich zu einer verbotenen Liebe bekannten oder dabei ertappt wurden. Das konnte eine nicht standesgemäße Beziehung oder eine gleichgeschlechtliche Liebe sein. Aber auch der Abfall von einem Familienglauben hat oft zum Abbruch von Familienbanden geführt. In orthodoxen jüdischen Familien wurden Betreffende vielfach verstoßen und für tot erklärt. Das Totengebet wurde über sie gesprochen und dann wurden sie nie wieder erwähnt. In den meisten islamischen Staaten werden der Abfall vom Islam und die Konversion zum Christentum sogar staatlich mit der Todesstrafe belegt. Viele moslemische Familien betrachten den Religionswechsel als Beschmutzung der Familienehre. Aber auch für konfessionsverschiedene Christen gab es oft schwere Hindernisse zu überwinden, ehe sie im glücklichen Fall vielleicht heiraten konnten. Nicht nur in der Literatur sondern auch in der Realität gab und gibt es viele Fälle, in denen sich junge Menschen, denen von ihrer Familie eine Liebe verweigert wurde, das Leben genommen haben.

Aber das scheint ja vielfach schon so lange her zu sein ...

* Insofern ist es sowohl überraschend als auch schmerzlich, dass noch im Jahr 2010 eine junge katholische Frau, die sich in einen geschiedenen Mann verliebt hatte und bereits mit ihm zusammenlebte, folgende Erfahrung machen musste: Als sie sich mit ihren restlichen Skrupeln in einer Beichte an einen katholischen Priester wandte, wurde sie von diesem mit den

Worten: „Ich verweigere Ihnen jede Absolution, bis Sie sich von diesem Mann getrennt haben!" aus dem Beichtstuhl verwiesen. Da war der Freiraum für ihre liebende Seele so eng wie ein Beichtstuhl nur sein kann. Die Frau fühlte sich so heftig vor den Kopf gestoßen, dass sie noch nach einem halben Jahr in einer Art Depression lebte. Ihr ratloser Partner brachte sie schließlich zu einem Coaching zu mir – und wir konnten die Angelegenheit immerhin für sie bereinigen.

Man könnte einwenden, in der Beichte gehe es schließlich nicht um Coaching, aber geht es nicht doch eigentlich in beidem um Seelsorge? Aber auch nicht alle Coaches verstehen es, Freiräume anzubieten. Auch da werden manchmal aus Mangel an Professionalität überflüssige und schmerzend enge Grenzen gezogen:

* Ein an seiner aktuellen Scheidung leidender Mann war zu einer Beraterin in der Personalabteilung seiner Firma zu einem Coaching gegangen und hatte nach Schilderung seines Schmerzes zu seiner Gesprächspartnerin gesagt: „Ja, so habe ich mit meiner Frau richtig daneben gegriffen. Sie hätte ich heiraten sollen!" Die Beraterin reagierte darauf hin höchst empört, warf ihm emotionale Übergriffigkeit vor und beendete das Coaching auf der Stelle.

Es wäre souveräner gewesen und hätte einen konstruktiven Freiraum eröffnet, wenn sie etwa gefragt hätte: „Was glauben Sie, wäre dann anders? Was wären Ihre Ansprüche an eine künftige Partnerin und Beziehung? Wie stellen Sie sich eine neue Beziehung vor?" Vermutlich wäre das Gespräch „harmlos" weiter gegangen und doch für den Mann klärend und hilfreich gewesen.

Gefangenschaft in alten Selbstbildern und Verhaltensmustern

Es gibt aber noch anderes, was eng macht und beeinträchtigt: Wir sind ja von unserem Wesen her nicht die, die wir äußerlich zu sein scheinen, oder diejenigen, die wir durch Umstände geworden sind, sondern jeder ist er selbst und hat sein eigenes inneres Wesen. Das ist zwar unsichtbar, aber es mag als Kern da sein und sich hinter vielen äußeren Erscheinungen nicht ändern.

* Ein Schwan, der irrtümlich auf einem Hühnerhof aufgewachsen ist, mag sich dort für einen depressiven und verstörten Hahn mit Wachstumsstörungen zu halten gelernt haben. Per Aufklärung und Spiegelbild wäre ihm vielleicht klar zu machen, dass er in Wirklichkeit ein Schwan ist und nicht auf den Hühnerhof gehört. Genauso könnte ein Hahn, dem irgendjemand einmal eingeredet hat, er sei ein Schwan, erkennen, dass sein ihn frustrierendes Scheitern bei Schwäninnen eine Folge dieses Irrtums ist, und er mehr Glück und Anerkennung bei Hennen fände.

Letztlich sind uns allen schon in unserer Kindheit Selbstbilder vermittelt worden, die uns von unserem eigenen Wesen entfernen können. Es ist prüfenswert, ob sie der eigenen Person entsprechen.

Auch durch sie sind wir schon früh in ein Korsett eingezwängt worden, aus dem man sich im Lauf seines Lebens zum Teil befreien will, muss und kann.

Wenn man der Frage nachgeht: „Wer bin ich nun eigentlich wirklich selbst?" lohnt es sich oft, sich die eigenen Spitznamen anzuschauen oder die Tier- oder sonstigen Metaphern, die man schon auf sich selbst angewendet hat, oder die auf einen bezogen wurden, zu betrachten: „Ich bin ein rechter Arbeitsesel". Gerade unbewusst oder intuitiv formulierte Bilder können einem oft zeigen, wie die innere Person sich fühlt oder wie sie wirkt. Auch wenn der Verstand dem heftig widersprechen mag, lohnt es sich meistens, solche Bilder ernst zu nehmen und sie auf ihre Implikationen zu prüfen.

Als Coach sehe ich, dass viele Menschen in Selbstbildern befangen sind, die mehrere Jahre hinter ihrer Realität herhinken. Da man sich im Alltag ja nicht ständig reflektiert und deshalb nicht immer auf dem neuesten Stand ist, scheint das sogar „normal" zu sein. Viele Menschen fühlen sich nicht nur jünger als sie sind, sondern unterschätzen auch ihre Kompetenzen. Da bieten Selbstreflexionen und ein gelegentliches Coaching die Chance, sich immer wieder ein zeitgerechtes angemessenes Selbstverständnis zu erarbeiten und die eigenen Gestaltungsräume zu klären.

In Einzelfällen gibt es Differenzen von zwanzig oder dreißig Jahren zwischen Selbstbild und Realität: Wenn sich etwa eine 45-jährige Frau wie ein kleines Mädchen verhält oder eine Führungskraft sich in einer Präsentation so unsicher wie ein Schüler bei einer Prüfung fühlt. Dann müssen diese Personen in ihrem Selbstbewusstsein einige Jahre aufrücken. Dass das in Persönlichkeitsseminaren oder Coachings sogar kurzfristig möglich ist, beweist, dass es sich hier um Programme handelt, die zwar ewig laufen können, die aber durchaus einer Umprogrammierung zugänglich sind. Da sprengt dann beispielsweise ein „Löwe" endlich das „Eselsfell", in das er eingenäht war.

Coaching kann zwar nicht das innere Wesen eines Menschen und seine echte Berufung verändern, aber es kann helfen, beides freizulegen. Außerdem lassen sich manche verinnerlichten schwächenden Programme oder Selbstbilder, die jemandem „versehentlich" zum Schicksal werden könnten, abschalten. Mit der inneren Lebensenergie und Bildern, die aus der eigenen Seele stammen, lassen sich dagegen neue Dynamiken wecken und aktivieren.

In diesem Sinn kann man verstehen, was der antike griechische Philosophen Pindar mit dem Satz meint: „Werde, der Du bist."

Wenn man sich die Fragen stellt: „Wer hätte ich denn von meiner Herkunft her sein sollen?" – „Wer glaubte ich, sein zu müssen?" – „Wer will ich denn sein?" und „Wer bin ich denn wirklich?", zeigt sich die Brisanz: Sich selbst zu erkennen verlangt, viele Überlagerungen durch äußere Vorgaben zu durchschauen und sich dahinter selbst zu finden.

Die Antwort wird individuell sein: Vielleicht „sollte" man von seiner Erziehung her ein „Unterwürfiger" oder ein „Pflichtbewusster" sein. Vielleicht ist man auch in die Rolle „Verlierer" oder „Opfer" geraten und „sollte" doch unbedingt ein „Gewinner" sein. Aber vielleicht erkennt man sich von seinem eigentlichen Wesen her schließlich als ein „Liebender", ein „Erschaffer", ein „Schenkender" … und wird glücklich, wenn man genau das zu leben und in der Welt umzusetzen wagt.

Die Antwort auf diese letzten und ersten Fragen sind die Fundamente des eigenen Lebens. Man kann in tausend Variationen darauf aufbauen und sie umsetzten. Dabei in Einklang mit sich zu leben, empfindet man meistens als großes Glück. Dafür kann man etwas tun.

Sehnsucht nach Befreiung

Die Überwindung der Hemmschwelle

Wie groß die Sehnsucht nach Freiraum sein kann und wie viel Überwindung es kosten mag, sich zu offenbaren und ihn zu gewinnen, zeigt der dramatische Appell eines Klienten. Dabei klemmte es bei ihm eigentlich nur zwischen dem, was er will und dem, was er soll. Er fühlte sich aber herkunftsbedingt so in einer Enge und durch seine vermeintliche Perspektivlosigkeit bis zum Ende seiner Tage so eingezwängt, dass er folgenden persönlichen Hilferuf formulierte:

Lieber Coach!

„Ich will doch nur tun, was ich will, und nicht das, was ich soll!"

Schon alleine diesen Satz niederzuschreiben ist meine Mondlandung, denn eigentlich darf ich das gar nicht denken und schon gar nicht artikulieren. Es bricht mit den Regeln und Vorgaben, die ich schon immer eingetrichtert bekommen habe. Nein, das war nicht als Strafe oder um mich zu quälen, man meinte es gut. „Man ist nicht vorlaut", „Wir sind nichts Besonderes", und bei guten Noten in der Schule hieß es: „Na ja, es war ja eine leichte Arbeit", bei schlechten Noten: „Siehst du, du hast nicht genug getan". Auch wenn ich im Studium bei einer Durchfallquote von 94,5%, mit einer 4,0 bestanden hatte, galt das meinen Eltern als eine Niederlage, denn es gab ja auch zwei, die besser gewesen waren.

Was hat das mit absolutem Freiraum zu tun? Viel, sehr viel, denn die Grenzen und Regeln die es aus gutem Grund immer geben sollte, sind irgendwann Mauern im Herzen und in der Seele.

Ich habe immer schon ein großes Bedürfnis nach Freiraum und Freiheit gehabt. Ich habe schon immer geträumt von Dingen, die zu tun sich gut anfühlen und deren Erfüllung oft das Ziel und manchmal gar nicht so wichtig wäre.

Diese Wünsche nach außen zu tragen ist oft aber extrem schwer, weil die meisten Menschen sofort versuchen alle Konsequenzen zu erkennen und sie zu beurteilen oder sogar zu verurteilen. Aber je enger der Raum wird, in dem man „fliegen" kann und darf, desto trauriger und kleiner wird die Welt. Man sucht sich dann Freunde, um Hilfe und Rat zu finden, aber dabei vergehen oft Jahre an verlorener Zeit, weil auch die einem wieder erklären, was alles nicht geht. Sie sind ja selbst in ihren Zwangsjacken und rechtfertigen ihr eigenes Stillhalten.

Bis man sich doch an jemanden wendet, der das professionell macht, vergehen dann schnell weitere Jahre. Aber schon dahin zu kommen ist schier unmöglich, weil es eine Niederlage ist. Man will einfach keine Gefühlsduselei und hat keine ersponnenen Psychoprobleme zu haben. So etwas haben die Spinner im Fernsehen, die nichts anderes zu tun haben als sich um sich selber zu drehen.

Ich war früher in der Schule eher der Typ, der getan hat, was getan werden musste. Kein Streber und sicher nicht fleißig, aber auch kein ruhiger Zeitgenosse. Das war gut so, aber wenn mich ein Lehrer vor der ganzen Klasse lächerlich gemacht hat oder es versuchte, dann hat er auch ernten dürfen, was er gesät hat. Ich habe ihm meine Meinung mitgeteilt und die Mauer des Schweigens eingerissen. Schon damals gab es die „man muss brav und vorsichtig sein, sonst gibt er dir eine schlechte Note"-Warnungen, aber die waren mir dann egal.

Irgendwann war ich dann der Kummerkasten meiner Kumpels und deren Freundinnen. Wurde jemand verlassen oder hatte Stress mit den „Alten", oder wollte „die Schule schmeißen?", dann waren das Fragen, die ich beantworten sollte.

Gewusst, was richtig ist, habe ich meist nicht, aber das war ja auch gar nicht das Wichtigste. Ich habe mir alles angehört und jede Schimpftirade über „das Schwein" wohlwollend genossen. Wenn meine Meinung interessant war, gab es die auch. Was erstaunlich war, die meisten haben nach einer oder drei Stunden ausweinen, auskotzen und Dampf ablassen auch ohne Zeigefinger und gute Ratschläge von ganz alleine Ihre Lösungen gefunden. Und die waren immer in einem vernünftigen Rahmen. Da brauchte es gar keine guten Ratschläge, Regeln oder Grenzsetzungen, denn die allermeisten Menschen verfügen über ein gutes Gespür von richtig oder falsch und finden sich selbst.

Warum bin dann ich hierher zu einem Coach geraten? Was ist denn dann mein Problem?

Tja, ganz einfach: Ich habe mich nicht als Gegenüber. Ich kann nicht mal zwei Stunden frei sagen, was ich denke, fühle, mir wünsche, vor was ich Angst habe und was mich bewegt!

Nachdem ich ziemlich lange und intensiv in eine immer kleiner werdende Kiste gesperrt wurde, kam ich an den Punkt, der weh tut. Mein Verstand kämpft gegen mein Bauchgefühl. Ich weiß, das alles, wie ich lebe, ist nicht gut, es fühlt sich schlecht an. Und mein Kopf sagt mir auch noch „warum ich selbst daran schuld bin, und dass es Menschen gibt, denen es schlechter geht". Ja, auch jetzt während ich das schreibe, springt mein Herz vor Freude, aber mein Kopf hat dutzende von Sachen, die mich ablenken sollen. Und er macht mir den Vorwurf, mich hier auszuheulen, wo es mir doch objektiv gut geht.

Vor sechs Jahren kam ich dann in den Genuss eines Selbstführungs-Seminars bei dir und die 3 Tage haben für 4 Wochen meine Welt auf den Kopf gestellt. Ich wurde das erste Mal ernst genommen und es gab auch andere Menschen im Seminar, die mich geschätzt, ja bewundert haben. Warum auch immer, denke ich jetzt, aber damals fühlte ich mich so frei. Ich musste nichts dafür tun, es ist einfach passiert, und je weniger ich darum kämpfen musste, umso grösser wurde ich. Das Gefühl hat den Kopf überflutet mit Glück und Freiraum. Mein Kopf aber war verwirrt und meine Umwelt mochte es gar nicht, wenn ein großer Bär, der einmal eingesperrt und angekettet gewesen war, sich nun ohne Ketten bewegte, das erkannte, aufstand und mal richtig brummte. Leider machte es keinen Unterschied, dass ich ja nur Teddybrummen wollte. So kam es, dass man bei mir wieder die alten Knöpfe drückte und ich wieder lahmgelegt wurde.

Mein innerstes Energiezentrum glüht aber weiter, aber es wurde von mir und anderen dann wieder in den Tresor gepackt. Ich kann es jedoch spüren. Es ist so schön!

Da man aber sich selber nicht helfen kann und man nicht mal nach Hilfe fragen darf, kommt und kam bei mir die Phase, in der ich versucht habe, die Welt zu manipulieren:

Wenn ich etwas möchte oder gerne tun würde, dann manipuliere ich die Umgebung solange bis das, was ich will, passiert. Zumindest versuche ich es, was zu Weilen recht anstrengend sein kann. Möchte ich abends mal Fast-Food essen, so sage ich meiner Frau nicht: „Ich würde gerne mal zu XY gehen", ich fahre zufällig vorbei und versuche das Thema auf Essen zu lenken, solange bis ich 100% sicher bin, dass es ein „ja" gibt. Und das ist getrieben einerseits von Rücksicht auf den Partner und andererseits aus Angst, wegen einem so niedrigen Wunsch nicht mehr gemocht zu werden.

Denn das Blöde an einem Raum, der vom Kopf gesteuert mit Regeln und Hinweisschildern aus über 40 Jahren zugepflastert ist, ist die rote Karte oder der Entzug des Führerscheines, den es beim Übertreten von Grenzen geben könnte. Man wird nicht mehr geliebt, weil man einen Burger wollte und der andere nicht. Klingt lächerlich, aber es wird eine gefühlte Realität.

Wie komme ich nur weiter, ich will doch nicht den Rest meines Lebens unglücklich sein. Ich fühle mich als Versager, weil es mir perfekt gehen müsste, weil es objektiv doch besser habe als der größte Teil der Menschheit es sich erträumen kann, – und mich doch unglücklich fühle. Ich habe zuerst versucht Dinge, die mir wehtun in der Familie anzusprechen. Das war ein böser Fehler und die Reaktionen waren eigentlich zu erwarten: „Stell dich nicht so an, es gibt Schlimmeres!" und: „Ich weiß, ich war eine schlechtes Elternteil und ich bin schuld (mit Tränen)." Tja, war ja klar. Ich bin eben undankbar und schwierig.

Ich hatte dann eine Phase, in der es sehr anstrengend wurde. Da kümmerten wir uns vier Jahre um meine Schwiegereltern. Das war per se kein Problem, ich mochte sie unheimlich gerne, aber Mo-Fr arbeiten und am Wochenende Haushalt, Kind und Schwiegereltern, das war anstrengender als man meint. Mein Unterbewusstsein = ein Elternteil – sagte dazu: „Das gehört dazu, andere müssen 12 Stunden arbeiten und haben auch Kinder, und die sind trotzdem noch erfolgreich und zufrieden! Aber es war ja klar, dass dir das zu viel ist. Und oh je, wenn jemand auf dich angewiesen sein würde, dann wäre er wohl verloren." Irgendwann in einem Winter war es dann besonders schlimm für mich: Schwiegervater im Krankenhaus und Schwiegermutter im alten Haus, alles 45 km entfernt und viel Schnee. Nachdem ich 4 Wochen jeden Tag 8:00 zur Arbeit, 18:00 ins Krankenhaus, 19:30 zum Haus und 21:00 wieder daheim durchgezogen hatte, ging mir irgendwann die Puste aus und ich war krank. Also nicht so krank wie kranke Leute sind, sondern eben nur ein bisschen, aber genug zum Jammern, ein bisschen (39°C) Fieber und schlapp sein und sich gehen lassen.

Mein Hausarzt, mit dem ich gut kann, hat dann die Idee geboren, ich könnte doch einfach mal jemanden aufsuchen der das gelernt hat, Leuten mit Langeweile und Selbstmitleid zuzuhören und ein paar Puppen aufstellen und alles auf die böse Kindheit und die armen Eltern schieben.

Vielleicht hatte ich es sogar darauf angelegt, das zu bekommen und so ging ich mit der Hoffnung etwas zu erreichen zu einem Therapeuten hin. Dabei begleitete mich das „Wissen", ein Looser zu sein, der es nicht selber auf die Reihe bekommt. Ja, wir haben uns immer ganz nett unterhalten. Er war aber kein richtiger Gegner für meinen Kopf. Hat er auch am Ende eingesehen und aufgegeben, denn ich wüsste das ja alles selber, auch wie er mir helfen könnte und er sei am Ende seiner Weisheit, ich solle damit leben oder die Therapie beenden.

Was war da passiert?

Tja, wenn man sich mit mir unterhält, dann will ich meine Meinung sagen (dürfen). Ich kann und will eigentlich total offen und frei sein. Ich habe recht wenig Angst davor, meine Gefühle zu zeigen und meine Wünsche zu äußern. Eigentlich, aber dann kommt mein Kopf und der ist stark, schnell und gut (Zitate von 95% aller Coaches und Menschen die sich mir gestellt haben). Es gehen dann viele Dinge parallel los: Mein Bauch will sich zeigen und tanzen und frei sein. Mein Kopf holt seine Regeln und Schutzfunktionen raus und es starten viele Gedanken. Nicht zu vergessen sind meine ganz persönlichen Grenzen und Werte, die mich und andere beschützen.

Dann kann der Tanz beginnen und wir reden über ein Thema. Sanft und oberflächlich, aber mein Bauch treibt mich zu der Quelle und dem Ziel, ich will es detailliert ehrlich und offen aussprechen. Der Kopf stoppt und sagt: „Lass uns erst mal sehen, was man hier alles darf und wie der andere so tickt." Dann beginnt der Tanz um den heißen Brei. Ich erzähle ein bisschen was und streue mal etwas Wichtiges, Persönliches und Intensives ein und prüfe: Wie wird er reagieren?

Meistens hat der „Gegner" sehr enge Grenzen und damit ist das Ganze schon tot. Denn nun komme ich in Fahrt. Der Therapeut redet mit mir eine Stunde - für ihn total konstruktiv und beindruckend selbstreflektierend – über seine Themen. Er stellt seine auswendig gelernten Thesen vor und wandert am Pfad der Lehre entlang. Ich gebe ihm ein gutes Gefühl und hole mir ein oder zwei Lobe ab, dass ich das so toll erkenne und wie besonders ich doch sei. Nebenbei mache ich noch eine Einkaufliste für später, installiere noch zwei Server im Kopf, überlege mir Antworten auf E-Mails und genieße die Erinnerung an einen Aufenthalt in den USA. Spontane Fragen vom Gegenüber kann ich jederzeit mit passenden Antworten parieren und er ist von sich begeistert.

Nur bringt mir das außer Spaß am Spiel nichts. Ich fühle mich noch immer schlecht und mein Bauch sagt: „Verdammt, keiner interessiert sich für mich!"

Im Rahmen einer Schulungsmaßnahme wurde mir Jahre später eine Dame empfohlen, die neben Gesprächen auch Körperarbeit macht. Das klang interessant und war einen Versuch wert. Und ja, das ist gar nicht so schlecht für mich, weil dies meinen Kopf austricksen kann, da meine Haut wahnsinnig sensibel ist. Ich kann da fast komplett abschalten, wenn man – und wir kommen wieder zum Thema zurück – es mit Freiraum tun würde. Aber jede Einschränkung, jede Regel, die nicht von mir gesetzt wird, wird für mich zu einem Problem. Dann setze ich 95% der Energie darauf, mich damit zu beschäftigen, die Grenze zu überwinden, die Mauer einzureißen, die Welt so zu manipulieren, dass ich die Grenze sprenge. Ich denke dann an nichts anderes als an die Grenze. Sie ist mir dann allgegenwärtig, egal wie unwichtig sie ist.

Der große Unterschied, den man in Gärten ohne Mauern hat, ist, dass man sich mehr mit dem Wind, dem Gras und der Sonne auf der Haut beschäftigen kann. Das Gespräch mit Dir war wie so ein offener, weiter Garten. Ich würde das gerne weiter führen, denn es ist für mich nun klar, dass ich dabei alleine den Weg bestimme, die Geschwindigkeit und die Flughöhe. Und das ist sonst nie so. Werte, Regeln und Grenzen hat jeder Mensch in sich, die beschützen mich, und es ist wunderschön, wenn man mal einfach frei sein kann und tun und sagen kann, was man gerade empfindet.

Ich habe die Hoffnung und teilweise sogar den Glauben, dass wir so die ultimative Spielwiese für mich erschaffen und bespielen könnten. Mein Traum wäre sicher, dass meine Regeln und Grenzen enger sind als die vorgegebenen. Ich will eine 10.000 qm Wiese, wo ich zu unsportlich bin, um den Rand zu erreichen und nicht der Rand meine Bewegung einengt.

Ich beneide meinen kleinen Sohn, der ist 4 und war ja auch noch kleiner. Der teilt direkt mit, was er will, ohne Wenn und Aber. Hat er Hunger, dann will er essen, jetzt und sofort. Egal ob gerade noch was aufgeräumt werden muss. Die Sirene geht los und er artikuliert sich. Das finde ich toll und ich würde gerne dieses „ich will jetzt" in die Erwachsenenwelt transportieren. Klar muss ich nicht schreiend im Flieger sitzen, weil es mir langweilig ist. Aber frei seine Wünsche zu äußern ist besser, auch wenn sie nicht alle erfüllt werden, als sie zu vergraben, denn dann wird der Druck im Vulkan unerträglich und es gibt eine Katastrophe.

Was ist schlimm?

Die meisten Menschen, die einem zuhören wollen, sagen und bestärken einen darin, ehrlich direkt und frei zu sprechen. Aber maximal zwei Prozent meinen das auch so, bzw. halten das dann aus. Sie wollen die Infos in ihren Grenzen und nach Regeln, die sie und die Gesellschaft als normal vorgeben.

Es ist halt so, dass ich noch nicht 100% weiß, was ich will oder wollen kann, und ich, um es zu sagen, genau die Freiheit brauchen würde, es sagen zu können.

Nur das Gefühl alles sagen und tun zu können, bringt mich dazu alles auszudrücken, was ich möchte und müsste.

N. T.

Ausbruch aus dem Korsett der Konventionen

Ein anderer Klient schrieb mir aus seinen Empfindungen heraus über das Korsett von Konventionen, in dem er sich gefangen fühlt:

Ist es nicht so, dass unsere Gesellschaft in den letzten 30 Jahren einer rasanten, geradezu exponentiellen Entwicklung ausgesetzt war, der man als Individuum einfach nicht mehr folgen kann? Haben sich nicht die unsinnigsten Konventionen und Systemfehler (über die letztendlich Macht- und Geldeliten wie Bildungs- oder Gesundheitsindustrie ihre unermessliche Gier stillen) über Jahre hinweg ausgebildet?

Als „normaler" Mensch sieht man sich mit einer permanenten Reizüberflutung konfrontiert und die eigene, ureigene Kreativität wird in den Tiefen unserer „Zwangs-Strukturierung" ertränkt! Werden wir nicht alle ab der Einschulung in ein Korsett aus Konventionen, Regeln und sonstigen rationalen Skills gezwängt?

Aus diesem Grund geht ein Deutscher durchschnittlich 16 mal im Jahr zum Arzt (um dort in jeweils 2,4 Minuten abgefertigt zu werden), lebt, um zu arbeiten (… und arbeitet nicht, um zu leben) und lässt nahezu jeden gesellschaftlichen Irrsinn ohne Gegenwehr zu und erkennt vor lauter werbepsychologischen Botschaften und vor lauter Status-Sicherung die wahren Werte im Leben nicht mehr.

Wie kommen wir nur aus dem Korsett von Konventionen, Regeln, Zwängen und werden wieder von innen her frei?

K.R.

Der Traum von Weite und Freiheit

Fantasien und Ausbrüche

Es ist normal und gesund, dass insbesondere junge Menschen von Freiheit und Weite träumen. Sie spüren zugleich oft schon die Grenzen ihrer Möglichkeiten und beginnen vielleicht daran zu leiden. Die Realität begrenzt und legt jedem viele Fesseln an. Die meisten scheinen sich im Lauf ihres Lebens damit zu arrangieren, sie werden realistisch, pragmatisch und nüchtern. Sie erscheinen vielleicht langweilig und in ihre Alltagsmonotonie ergeben. Andere wehren sich gegen die äußeren und inneren Zwänge, wagen kleinere oder größere Ausbrüche. Aber auch sie können dem realen Leben nicht wirklich entkommen. „Soll das alles gewesen sein?", mögen sie um ihre Lebensmitte fragen und in eine Krise geraten. Vielleicht machen sie ihrer Unzufriedenheit Luft und packen ihre Träume und Ideen noch einmal aus. Aber manches geht dann trotzdem nicht und vielleicht verschiebt man es dann weiter in eine ferne ungewisse Zukunft und hat damit vorübergehend wieder ein gewisses Alibi sich selbst gegenüber.

Mit manchen Träumen, Sehnsüchten, Fantasien oder Plänen kann man prahlen oder sich als Visionär darstellen. Andere dagegen spricht man aus Klugheit oder Scham vielleicht nie aus. Entweder, weil sie wirklich unrealistisch sind, oder weil sie vielleicht unmoralisch scheinen oder im Gegensatz zu dem stehen, was man als Bild von sich selbst nach außen zeigen möchte.

Der unvollendete Impuls

In der Gestaltpsychologie wurde der Grundsatz formuliert, dass jeder Impuls einen Sinn hat, und dass es gut sei, ihm mindestens in der Phantasie zu folgen. Es wird darauf hingewiesen, dass unterbrochene Impulse keine Ruhe geben und den Betreffenden plagen können. Insofern ist es das Schlimme an unausgesprochenen Impulsen, Phantasien oder Träumen, dass man dann nicht einmal eine Chance hat zu entdecken, was dahinter stecken mag und wohin sie drängen.

Der Traum von Neuseeland könnte beispielsweise nur ein Synonym, eine Metapher, für ein starkes Bedürfnis nach mehr Freiheit und Autonomie sein. Eine besondere sexuelle Fantasie könnte lediglich Ausdruck eines verstärkten Bedürfnisses nach Anerkennung sein.

So kann es mit allen unausgesprochenen, nicht zu Ende gedachten und gefühlten Impulsen sein. Vielfach sind sie Metaphern und stehen für etwas Anderes. Indem man sich mit ihnen beschäftigt und sie vielleicht von ihrem Sinn her versteht, kann man eventuell schon heute den Druck aus ihnen nehmen, man kann ihr Ziel auch anders verwirklichen als zuvor gedacht und wird so von „fixen Ideen" oder geistigen „Besessenheiten" befreit. Man muss dann nicht mehr nach Neuseeland auswandern, sondern sein Leben hier so gestalten, dass es sich neuseeländischer, und das heißt: freier – anfühlt. Der Spiel-Raum, den man dadurch gewinnt, ist Freiheit und bedeutet mehr persönliche Selbstbestimmung.

Dass es dabei auch um Leben und Tod gehen kann, zeigt das folgende Beispiel:

* Bei einem Klienten, der mir seine Depressionen und Selbstmordphantasien als Symptome schilderte, zeigte sich, dass dahinter ein Selbstbestrafungsbedürfnis lag, das sich aus einem Schuldgefühl speiste: In seinem fünften Lebensjahr hatte er mit angesehen, wie sein dreijähriger Bruder beim gemeinsamen Spielen von einem Auto erfasst und getötet worden war. Zeitlebens fühlte er sich dafür schuldig und bestrafenswert. Gelänge es, ihn von dieser vermeintlichen Schuld zu befreien, so könnte er seine Einstellung zu sich ändern. Parallel dazu würde es ihm vermutlich helfen, auch über seine sich ins Sexuelle übertragenen masochistischen Fantasien zu sprechen und zu verstehen, dass es sich dabei um dasselbe Selbstbestrafungsmuster handelt. Ziel wäre es, mit ihm einen symbolischen Akt zu entwerfen, mit dem er aus seiner vermeintlichen Schuld definitiv und endgültig heraustreten könnte. Alle aus diesem Selbstbestrafungsmotiv abgeleiteten Impulse könnten dann erlöschen.

Für jeden, der nicht an seinen unausgesprochenen, unausgereiften Impulsen ersticken oder zugrunde gehen will, der sich davon entlasten und befreien will, bräuchte es entsprechend einen diskreten Freiraum, in dem er solche, ihn innerlich bewegenden Themen äußern kann, und in dem solche Reflexionen, freies Denken, Fühlen und Spüren erlaubt ist.

Dafür sollte ein ganzheitliches Coaching die Spielräume anbieten.

Wo Freiräume gelingen

Jede Einladung: „Kommen Sie doch herein" öffnet einen neuen Raum. Jedes Frage: „Wie geht es Ihnen, was liegt bei Ihnen an?" öffnet einen persönlichen Raum. Überall, wo jemand ermutigt wird, offen und frei heraus zu sprechen, kann sich das Herz oder die Seele öffnen und weiten.

* Eine Dame hatte mich für ein Ganztagescoaching gebucht und nutzte davon siebeneinviertel Stunde, um ihre ganze Lebensgeschichte von den Urgroßeltern beginnend einmal in ihrem Leben zusammenhängend zu erzählen. Ich hatte noch eine viertel Stunde Gelegenheit, die Essenz ihrer Leidensgeschichte zusammenzufassen. Mehr brauchte es nicht. Sie war so beglückt, verstanden worden zu sein, dass sie im Lauf der nächsten Jahre ihren halben Bekanntenkreis zu Coachings zu mir schickte.

* Einen wesentlich längeren Anlauf brauchte ein Mann, der nach langem Drumherumreden und Zaudern endlich damit herausrückte, dass es sein Wunsch sei, von mir geküsst zu werden. Mit großer Behutsamkeit dankte ich für diese Sympathieerklärung und forschte nach, was das für ihn bedeuten würde. Er sagte: „Eine große Anerkennung." In der Nachfrage, warum er sich so sehr eine große Anerkennung von einem Mann wünsche, wurde deutlich, dass es die Anerkennung von seinem Vater war, die er suchte: Er kannte nämlich seinen Vater nicht und hatte die Sehnsucht nach ihm im Coaching auf mich übertragen. Hätte ich gleich zu Beginn den Kuss ausgeschlossen, hätten wir nicht zu dieser Erkenntnis kommen können. Das wäre genauso wenig gelungen, wenn ich dem Kuss zugestimmt hätte und wir allenfalls in ein kompliziertes Beziehungskonstrukt geraten wären. Freiraum bedeutet also einerseits die Erlaubnis frei zu sprechen und zu fühlen, andererseits die Möglichkeit zu einer geistigen Erweiterung durch Abstraktion, Transformation und die Geburt neuer Erkennt-

nisse. Die Lösung für meinen Klienten in diesem beschriebenen Fall lag darin, seinen Vater zu suchen, Kontakt mit ihm aufzunehmen und ihn um seine Anerkennung und seinen Kuss zu bitten.

* Ein weiteres Coaching mit erheblicher Raumerweiterung für mein Gegenüber brachte in der dritten Sitzung zu Tage, dass der Betreffende seit Jahren die Fantasie mit sich herumtrug, jenseits von Karneval gelegentlich in Frauenkleidern zu leben. Er hatte das noch nie getan und fragte mich, ob ich einverstanden sei, wenn er beim nächsten Mal als Frau komme. Ich bejahte und er kam zur nächsten Sitzung als Frau. Dieser Teil seiner Persönlichkeit hatte noch nie einen solchen Raum gehabt. Es war erstaunlich, dass sein weiblicher Teil andere Charakterzüge aufwies und wir sogar dessen Namen „fanden". Er lernte, diese beiden Seiten seiner Persönlichkeit miteinander in Dialog treten zu lassen und in seinem realen Leben auch seinen weiblicheren Bedürfnissen Raum zu gewähren. Interessanterweise tauchte bei ihm nach dieser einen Sitzung der Wunsch nach Frauenkleidern nicht mehr auf. In einer Transvestiten-Selbsthilfegruppe hätte man dagegen vermutlich sein Bekenntnis zu seinem Bedürfnis gefordert, sein Comingout gefeiert und ihn vielleicht dauerhaft in einer entsprechenden Szene fest verankert. Das hätte zuerst vielleicht nach Freiraum geklungen, hätte aber vermutlich auf Dauer zu einer erheblichen biografischen Einengung geführt.

Ähnliche Fälle gäbe es viele weitere zu berichten. Manche davon haben eine gewisse Dramatik oder sogar Tragik in sich wie die beiden folgenden und sind nur in einem sehr geschützten Raum zu bereden.

* Jemand lebte gelegentlich heimlich neben seiner Ehe sado-masochistische Fantasien mit einer Prostituierten aus. Als er nach 10 Jahren Ehe einmal versuchte, sich damit seiner Frau zu offenbaren, titulierte sie ihn als „perverses Schwein" und ließ sich trotz drei gemeinsamen Kindern in unmittelbarer Folge von ihm scheiden. Er hatte sich in sich zurückgezogen und kam sehr zaghaft in ein Coaching-Gespräch zu mir. Wir konnten gemeinsam herausarbeiten, dass er sich als Kind stark mit seinem Großvater identifiziert hatte. Der war lange in Kriegsgefangenschaft gewesen und dort gefoltert worden. Der Enkel empfand nun in seinem Unterbewusstsein ein drängendes (zwanghaftes) Bedürfnis nach solidarischem (Mit-)leiden (mit ihm). Wie ich vielfach beobachtet habe, zeigte sich auch bei ihm, dass seine vermeintlich sexuelle Orientierung gar nicht primär sexuell war, sondern sich allenfalls dort nur niederschlug. Nicht nur tat meinem Klienten die entspannte Atmosphäre gut, in der es ihm erstmals möglich war, jenseits aller Rechtfertigung und Selbstverteidigung über Ursprung, Sinn und Bedeutung seiner ihn selbst verstörenden Neigung nachzudenken und zu sprechen, sondern diese Atmosphäre war die Voraussetzung für eine neue Erkenntnis: Die Einsicht, dass es sich bei seiner vermeintlich sexuellen Besonderheit eigentlich um eine subtile und unbewusst getriggerte Form der Solidarität mit den Leiden seines Großvater handelte. Auf dieser Basis konnten wir miteinander Ideen entwickeln, wie er das Leiden seines Großvaters mit einem symbolischen Akt anderer Art so würdigen könne, dass sein seelische Impuls damit ein für alle Mal befriedigt sein würde. Er begann eine Reise an den Ort der Qual zu planen, um das Leid seines Großvaters dort zu würdigen. Diese Reise fand tatsächlich statt und mein Klient kehrte sehr entlastet und zufrieden davon zurück.

* Ein Unternehmer hatte über 11 Jahre zwei Beziehungen zu zwei Frauen mit je zwei Kindern in verschiedenen Städten, von denen beide Frauen nichts wussten. Er kam wegen des für ihn nur noch schwer auszuhaltenden Zwiespalts zu mir und suchte eine Lösung. Moralfrei prüften wir, wie er eine Trennung von einer der beiden Frauen für sie und ihn möglichst verletzungsarm bewerkstelligen könne. Es gelang uns auch, eine für ihn geeignet scheinende Lösung zu finden. Mindestens so wichtiger war aber die anschließende Reflexion, warum er sich solche Zwiespälte in seinem Leben veranstaltet hatte. Wir stellten fest, dass sowohl sein Vater als auch einer seiner Großväter über Jahrzehnte in ähnlichen Zwiespälten gelebt hatten. Der eine verheimlichte seinen Sohn 16 Jahre vor seinen Eltern, der andere war als Matrose überwiegend von seiner Frau und seinen acht Kindern getrennt. Beides hatte nicht gut getan. Das aber war in der Familie noch nie ausgesprochen worden. Stattdessen gab es eine Art Wiederholungszwang. Zu dessen Auflösung schien jetzt eine End-Abrechnung an der Zeit zu sein, die weitere Nachahmungen überflüssig machte und die meinen Klienten in seine persönliche Freiheit entließ.

Die beiden nächsten Coachings, von denen ich hier berichten will, scheinen auf den ersten Blick weniger spektakulär, sie bedeuteten aber für die Betreffenden ebenfalls eine erhebliche Befreiung. Bei ihnen gehörte zur Lösung erst einmal die Idee, dass es da vielleicht überhaupt ein Problem gibt. Als Coach steht man manchmal vor der Herausforderung, jemandem ein Problem, das dieser nicht erkennt, bewusst zu machen, ohne ihm das Gefühl zu geben, da werde ihm ein Problem eingeredet. Als Coach gehe ich dabei möglichst so vor, dass ich mit den Worten des Klienten arbeite, Mehrdeutigkeiten in ihnen aufdecke, eine Hypothese bilde und dann vielleicht ein Experiment vorschlage:

* Jemand kam zu einem berufs- und sachbezogenen Coaching und begann damit, über seine permanenten Rückenschmerzen zu klagen. Aus meiner ganzheitlichen Sicht gehört das ins Coaching. Ich schlug ihm vor, sich doch entspannt auf den Boden hinzulegen. Dabei fragte ich, ob ich ihm noch ein Kissen zum Unterlegen geben solle. Er bejahte das und sagte: „Ja, etwas Unterstützung tut gut." Ich griff diesen Satz auf, verallgemeinerte ihn und fragte: „Wie sieht es denn insgesamt in Ihrem Leben mit Unterstützung aus?" Damit waren wir mitten in einem seiner Lebensthemen: Seine Mutter war behindert gewesen, er musste sie unterstützen. Sein Vater hatte sich selten zu Hause blicken lassen und der anwesende Großvater schoss zu allem quer. Mein Gesprächspartner war in Kindheit und Jugend weitgehend auf sich selbst gestellt gewesen. Auch beruflich war er selbständig und hatte nie einen ihn unterstützenden Chef gehabt. Als wir über all das sprachen, brach mein Gesprächspartner in Tränen aus und meinte, so klar habe er diese Härte in seinem Leben noch nie gesehen. Andererseits wurde auch deutlich, warum er als Berater so erfolgreich ist: Er gibt in seiner Tätigkeit anderen Menschen Rückhalt.

* Ein Konzernchef kam hochbeladen mit seinen beruflichen Konflikten zu mir, die wir besprachen und für die wir auch gute Lösungsansätze erarbeiten konnten. Als er schon zufrieden war und aufbrechen wollte, fragte ich ihn noch, wie es ihm den sonst in seinem Leben ginge. Ich empfand ihn nämlich als hochgradig angespannt. Nach den standardmäßigen

Versicherungen, es gehe ihm gut, räumte er ein, dass er selbst und seine Familie natürlich zu kurz kämen. Ich schlug ihm vor, sich hinzulegen, in sich hinein zu fühlen und sich dabei vielleicht eine Hand auf den Bauch zu legen. Er tat es, schwieg einige Minuten und fing nach einem leichten Zittern an zu weinen. Ich wartete bis er begann zu sprechen. Dann erzählte er, dass er gerade zum ersten Mal seit acht Jahren wieder seine Liebe zu seiner Frau gespürt habe, er habe sie so lächeln gesehen wie früher und begriffen, dass sie einander verlieren würden, ja vielleicht schon verloren hätten, wenn er sein Leben nicht radikal ändern würde. Es drängte ihn, sofort zu seiner Frau zu fahren. Fünf Minuten später verließ er mein Haus und fuhr statt in seine Firma zu ihr. Ein halbes Jahr später kündigte er seine Arbeitsstelle im Konzern und zog mit seiner Frau und den beiden Kindern in ihre gemeinsame Wunschregion. Dort begannen sie in wiedergewonnener Freiheit und Offenheit einen neuen Lebensabschnitt.

An diesem Beispiel lässt sich deutlich erkennen, wie sich beim entspannenden Wechsel von einem vorgegebenen äußeren Thema zu einem persönlichen inneren Thema sofort ein Tor zu einem ganz anderen inneren Raum öffnen kann. Daraus kann die Seele dann Bilder und Gefühle freilassen, die so klar und eindeutig sein können, dass sie von lebensverändernder Bedeutung sind.

Moralfreiheit

All das kann in einem Coaching nur gelingen, wenn der Coach eine Stimmung von Offenheit und Freiheit anbietet und schafft. Das Leben der Meisten verläuft oft nicht nach Plan, es ist vielfach ganz anders. Vieles, was passiert überrascht, erschreckt, verblüfft, ist ungewollt, unerwartet und neu.

Es wird aber im Alltag sofort Beurteilungen ausgesetzt, die häufig negativ ausfallen. Da die Betroffenen sich vor den damit meist verbundenen Ablehnungen zu schützen versuchen, bauen sie sich Fassaden, legen sich Masken zu und tun so, als erfüllten sie die allgemein anerkannten Maßstäbe. Der Aufwand und die Mühe dafür sind häufig erheblich und führen manchmal zu Burnouts und Zusammenbrüchen.

Wenn nun jemand vor oder nach einem Zusammenbruch zu einem Coach kommt, ist das letzte, was er braucht, eine neue moralische Zurechtweisung. Das mindeste ist Mitgefühl und vielleicht sogar ein Stück Verständnis. Vielfach zeigt sich, dass die Selbstverurteilung eines Menschen oder die Angst vor Ablehnung ihm schwerer zusetzt als etwa tatsächlich erlittene Ablehnung, zu der es gar nicht gekommen ist.

So kann es eine erste wichtige Hilfeleistung eines Coaches sein, sich erst einmal entspannt und urteilsfrei anzuhören, welche Befindlichkeiten jemand in seinem Leben hat und wie er die beurteilt. Es ist sowohl eine christliche als auch ein buddhistische Urempfehlung, nicht zu urteilen, sondern in der Wahrnehmung zu bleiben.

Häufig kann man dann als Coach darauf hinweisen, dass sich frühere Bewertungen und Kategorisierungen wie: „Was für ein Glück!" oder: „Was für ein Pech!", oder „moralisch" oder „unmoralisch" Jahre später in anderem Licht zeigen und sich eigene, fremde oder gesellschaftliche Einstellungen und Urteile ändern. Manchmal erhält man später auch zusätzliche

Informationen oder Einsichten und muss dann vielleicht beschämt eingestehen, damals falsch geurteilt zu haben. So kann man als Coach durch die Relativierung von Urteilen schon entspannend und Raum schaffend wirken.

Freiraum für die Seele muss unbedingt auch Freiraum von Bewertungen sein. Oft hilft es dabei auch, als Coach in die Rolle des Advocatus Diaboli zu schlüpfen und Dinge nicht nur anders, sondern sogar einmal gegensätzlich zu bewerten. Das ist eine Art geistiger Yoga-Übung. Weiter kann man fragen, was bei dem Verhalten einer Person eigentlich innerlich psychologisch abgelaufen sein mag. Meist wollte ja niemand böse oder rücksichtslos sein, sondern es ist etwas mit jemandem durchgegangen, das stärker als sein bewusstes Streben und Wollen war.

Wenn man an jemand denkt, der in einer Beziehung untreu war und also gewisse Moralvorstellungen verletzt hat, oder der seinem Chef oder seiner Firma gegenüber nicht loyal war und davon ein schlechtes Gefühl zurück behalten haben mag und sich vielleicht schuldig hält – was mag da innerlich in ihm in Wirklichkeit passiert und abgelaufen sein?

Wenn man dann etwa erfährt, dass die fremdgehende Person mit nur einem Elternteil und teilweise in einem Internat aufgewachsen ist, kann man vielleicht ahnen, dass sie nie genug Liebe erhalten hat und von dem normalen Liebesmaß eines normalen Partners eventuell nie gesättigt werden kann.

Man wird sein moralisches Urteile dann relativieren müssen und spüren, dass in einem solchen Fall andere Maßstäbe gelten sollten.

Genauso kann bei demjenigen, der einer Person oder einem System gegenüber nicht loyal geblieben ist, vielleicht klar werden, dass er ausnahmsweise einmal seine eigenen Werte oder Bedürfnisse über die von anderen gestellt hat und nach 20 Jahren Unterwerfung erstmals in seinem Sinne authentisch und richtig gehandelt haben mag. Dann lässt sich auch hier das Urteil über einen vermeintlichen Treuebruch gegenüber einer Treue zu sich selbst neu bewerten und der Klient kann ein unberechtigtes Schuldgefühl dann vielleicht ablegen.

Ein Coach sollte in der Lage sein, moralfrei denken und analysieren zu können und zunächst eindeutig auf Seiten seines Klienten und nicht auf Seiten einer Moral stehen.

Niemand würde mit Problemen und Peinlichkeiten zu einem Coach kommen wollen, wenn er moralische Bewertungen und Verurteilungen fürchten müsste. Vielleicht ist genau das der Knoten, weshalb immer weniger Menschen in einer Krisensituation kirchliche Seelsorgeangebote annehmen: Jeder meint schon vorher zu wissen, welche Urteile ein Pfarrer gemäß seiner kirchlichen Lehre über ihn fällen muss. Da fällt es vielen Menschen dann schwer, angebotene Freundlichkeit als echt zu empfinden und Vertrauen zu gewinnen. So kann auch kein echter Gesprächsraum als Freiraum für die Seele entstehen. Da bleibt die Seele eher verschlossen und zusammengefaltet. Dabei sollte doch Persönlichkeitsentfaltung ein vorrangiges Ziel von Coaching und Seelsorge sein.

Nach meiner Beobachtung bleiben viele Menschen aus Angst vor moralischer Verurteilung lange oder für immer ohne Hilfe und tragen ihre verdrängten oder vertuschten Leiden über Jahrzehnte mit sich herum. Da dann die zeitliche Entfernung ursprünglicher schmerzlicher Ereignisse zu späteren körperlichen Symptomen, in denen sie sich niederschlagen, sehr groß sein kann, kommt zuletzt kaum jemand auf die Idee, beides miteinander in Verbindung zu bringen.

Gefühle der Enge, die Freiraum brauchen

Im Lauf der Jahre sind Menschen mit den unterschiedlichsten Problemen zu mir gekommen. In den letzten Jahren erlebe ich, dass mir immer heftigere und schwerere Probleme anvertraut werden. Einerseits mag das daran liegen, dass ich mittlerweile mehr Seniorität ausstrahle, andererseits frage ich mich, ob meine früheren Klienten vielleicht auch so schwerwiegende Probleme hatten und wir nur nicht den Weg gefunden haben, miteinander darüber zu sprechen. Bei einem freundlichen Menschen, der sich für alle überraschend plötzlich das Leben nahm, stellten sich auch erst im Nachherein seine gravierenden Probleme, Ängste und Nöte heraus.

Jeder könnte sich einmal fragen, was er vielleicht sogar bei seinen besten Freunden und nächsten Familienangehörigen übersieht?

Oder als Empfehlung an Coaches: Du kannst nicht aufmerksam genug auf die Zwischentöne lauschen und jedes Mal ist es wieder Deine Aufgabe, den entspanntest möglichen Freiraum der Welt zu schaffen, damit Deine Gesprächspartner ihre Angst- und Schamschwelle überschreiten können, hinter der sich dann hoffentlich ihre zwiespältigen oder moralisch scheinbar verwerflichen Probleme ausbreiten können. Wenn es dazu kommt, ist das schon ein Teil der Lösung, nämlich eine erlösende Entspannung. Danach kann man dann sehen, was für äußere Lösungen möglich und sinnvoll sind.

Um einige der mir vorgelegten Nöte und Problemfälle in Ansätzen zu skizzieren, die Klienten oft jahrelang mit sich herumtrugen, will ich hier die folgenden Beispiele berichten:

– „Wie gehe ich mit meinen Schuldgefühlen gegenüber meiner Frau um, die ich seit 40 Jahren betrüge? Wie kann ich aufhören, mich selbst dafür zu verachten? Wie gehe ich mit meiner schwer kranken Freundin um, die ich doch jetzt auch nicht im Stich lassen kann? Ich liebe beide und bin unfähig eine Entscheidung zu treffen."

– „Wie kann ich mit 84 Jahren mein Leben noch einmal so aufräumen, dass ich die Altlasten aus Jahrzehnten abarbeite und wieder Kontakt zu meinen Kindern finde?"

– „Wie löse ich nach 28 Jahren meine Ehe auf, ohne meinen Mann, der nichts außer seinem Zuhause und seiner Familie hat, zu zerstören?"

– „Wie soll ich als junger Mann mit einer Freundin glücklich sein können, wenn meine ganzen sexuellen Fantasien voller Gewaltvorstellungen sind. Das kann ich doch keiner Frau sagen, da läuft doch jede gleich weg?"

„Darf ich als verheirateter Mann mit drei kleinen Kindern, dessen Frau seit drei Jahren im Koma liegt, deren beste Freundin lieben, die unsere Kinder versorgt?"

– „Wie werde ich als katholischer Priester damit fertig, auf eine große Liebe verzichtet zu haben, der ich nun seit 15 Jahren ständig hinterher trauere?"

– „Ich weiß, mein direkter Chef lässt sich großflächig beste-
chen. Wie kann ich damit umgehen, ohne meinen Job und
die Sicherheit für meine Familie zu verlieren?"

Die erste Öffnung

Es geschieht selten, dass jemand in ein Coaching kommt
und gleich ein solch heikles Thema auspackt. Meistens ist der
Anlass und Vorwand des Coachings ein anderer. Wer dann
Vertrauen fasst und sich im vertraulichen Gespräch gut aufge-
nommen und wohl fühlt, kann sich dann schließlich vielleicht
überwinden und sagt: „Da ist noch etwas anderes, über das
ich auch gern mit Ihnen reden möchte!"

Manchmal spüre ich aber auch, dass wir über das falsche Thema sprechen und versuche, dem anderen eine Brücke zu bau-
en, etwa indem ich ihm spiegele: „Sie wirken auf mich, als
würde Sie noch etwas anderes belasten? Wenn das so ist und
Sie das wollen, können wir auch gern darüber sprechen." Oft
lässt mein Gesprächspartner dann das bisherige Thema fallen
oder schließt es kurz ab und kommt dann auf sein eigentliches
Kernproblem zu sprechen.

Ich möchte ausdrücklich darauf hinweisen, dass ich jedem
Coach empfehle, dem anderen immer ausdrückliche die Freiheit anzubieten, über etwas zu sprechen oder es auch zu lassen. Es wäre nichts schlimmer, als jemanden in eine Ecke zu
drängen und ihn zu bedrängen über etwas zu reden, was ihm
unangenehm ist. Letztlich ist trägt jeder die Verantwortung
für sich selbst. Wenn er nicht über etwas sprechen will, das
ihn belastet, ist auch das sein gutes Recht, selbst wenn er dar-

an zugrunde gehen würde. Auch das wäre seine Entscheidung. Als Coach, als Gesprächspartner als Partner, als Freund kann man anderen Menschen mit Einfühlungsvermögen Freiraum für Gespräche anbieten. Wie sie damit umgehen, ist dann allerdings ihre Sache.

Parcival hat nicht gefragt

In der Gralsgeschichte versäumt es Parcival allerdings in der Gralsburg aus falscher Scheu, dem an einer offenen Wunde leidenden Gralskönig die entscheidende Frage zu stellen: „König, woran leidest Du?" Hätte er sie gestellt, so wäre der König von seinem Leiden befreit worden und hätte in Frieden sterben können. Parcival wäre dann selbst, wie ihm ein Eremit später erklärt, Gralskönig geworden. Durch sein Versäumnis entschwindet ihm aber die Gralsburg und sein Leben wird zu einer lebenslänglichen Suche nach eigener Erlösung in der himmlischen Burg.

Diese scheinbar mythologische Geschichte wiederholt sich tausendfach im realen Leben. Hätte man nur gefragt, wäre manches Leid zu lindern gewesen. So ist es bei fast jedem, der sich aus Verzweiflung das Leben nimmt und so war es bei einem alten Mann, dessen Tochter ihn bereits als einen depressiven Alkoholiker abgeschrieben hatte:

* Beate T. beklagte sich über ihren 73-jährigen Vater. Der komme gar nicht mehr aus seinem Zimmer und stehe fast immer unter Alkoholeinfluss. Ich äußerte die Vermutung, dass es dafür Gründe geben könne und fragte sie, ob Sie eine Idee habe, welchen Schmerz ihr Vater vielleicht mit Alkohol be-

täube? Was sie über seine Kindheit wisse? Nein, darüber hatte sie sich noch keine Gedanken gemacht, sie wisse auch nichts über seine Kindheit. Ich ermutigte sie, ihn doch einmal zu befragen. Als sie ihn dann eine Woche später besuchte und ihm mitteilte, sie wisse gar nichts über seine Kindheit, und ihn danach befragte, war sein erster Satz: „Als ich sechs Jahre alt war, musste ich aus dem Fenster unseres Hauses mit ansehen, wie die Nazis meinen Vater auf offener Straße totgeprügelt haben." Die Tochter sagte darauf wohl etwas vorwurfsvoll: „Das hast Du ja noch nie erzählt!" Darauf war seine Antwort: „Es hat mich auch noch keiner danach gefragt!" Dann brach er in Tränen aus. Nach einem fast dreistündigen Gespräch der beiden kam der Vater wieder täglich zu den Mahlzeiten der Familie und sein Alkoholkonsum reduzierte sich nach Schätzung seiner Tochter auf 20 Prozent seines früheren Konsums. In diesem Gespräch konnte er seine schwerste Last das erste Mal ablegen.

So wird man manchmal vielleicht schuldig durch Nichtstun und wenn man nicht fragt. Auf jeden Fall bleibt dann der Andere in seinem Leiden allein.

Wieder stellt sich die Frage, ob man eigentlich ahnt, wie viele der einen umgebenden Personen vielleicht leiden? Was kann man überhaupt davon mitbekommen, wenn die Ereignisse schon Jahrzehnte zurückliegen? Muss jemand erst zusammenbrechen oder sich das Leben nehmen, ehe man im schlimmsten Fall erst bei seinem Begräbnis darüber spricht? Ein Teil dieses Leidens mag ja oft die Verzweiflung gewesen sein, wenn jemand niemanden gefunden zu haben, mit dem er darüber sprechen konnte.

So sollte freundschaftlichen Begegnungen und insbesondere jedem Coaching die ausdrückliche Erlaubnis und Ermutigung vorausgehen, über wirklich alles zu sprechen. Hilfreich kann darüber hinaus das Angebot behutsamer und persönlicher Fragen sein. Sie dürfen nicht bedrängen, sondern sollen helfen, Hemmungen abzubauen und Freiraum für die Gedanken, Gefühle und Impulse des anderen schaffen. Wenn er dann seinen Kummer, seine Last, seine Zweifel, Zwiespälte und Sehnsüchte offenbaren und vielleicht ablegen kann, entsteht wieder Freiraum für neue Gedanken, neue Impulse, neue Ideen und seine Seele findet darin wieder neue Kraft und neuen Mut.

Fragekunst

Für einen Coach sind Fragen extrem wichtige Werkzeuge. Aber es geht nicht nur um die Fragen selbst, sondern auch um den Tonfall, in dem sie gestellt werden und die behutsame Konsequenz des Fragenden. Damit kann man es einem Menschen erheblich erleichtern, etwas auszusprechen, das ihm sonst schwer fällt. Es hilft ihm auch dabei, etwas das ihm ungewohnt ist auszusprechen, zu formulieren. Erst, wenn der andere sich öffnet und Einblick in sein Inneres gewährt, wenn er vielleicht sogar nur den aufgestauten Druck ablässt, kann ihm vielleicht geholfen werden. Dafür ist dann der nächste anspruchsvolle Schritt wichtig: Um die Antworten zu verstehen, muss man zwischen den Zeilen lesen, Untertöne hören und Analogien zwischen verschiedenen Sequenzen ziehen können. Auch das will geübt sein.

Nun mag sich an dieser Stelle jeder hinsichtlich seiner Freunde, Partner, Familienangehörigen und Kollegen fragen, ob er sich intensiv genug darum bemüht hat, die richtigen Fragen behutsam und konsequent genug zu stellen und spätestens ab jetzt damit beginnen.

Genauso sollte sich jeder Coach bewusst machen, dass sein Klient vielleicht nicht nur über das sprechen möchte, worüber er von allein zu sprechen beginnt, sondern dass er sich auch bewusst oder unbewusst wünschen mag, noch intensiver und intimer befragt zu werden.

Einer meiner Klienten war in dieser Hinsicht vorbildlich. Er sagte mir gleich zu Beginn, er wisse genau, worüber er sprechen wolle. Er kenne sich aber gut genug um zu wissen, dass er sich von allein nicht trauen würde, darüber zu sprechen. Ich müsse ihm also alles aus der Nase ziehen, sonst würden wir viele unnütze Sitzungen sinnlos verschwenden und an dem, was ihn wirklich bewege, vorbeireden.

Er war ein seit vielen Jahren schweigend leidender Mensch, der schließlich den Weg zu mir fand, wo er sich erstmals in seinem Leben öffnen und aussprechen konnte. Er steht nicht nur für sich, sondern auch für viele andere schweigend Leidende.

Indem er mir den richtigen Auftrag ausdrücklich erteilt hatte, ihn immer weiter zu befragen, ermutigte er mich zugleich, auch andere öfter ausdrücklich um diese Erlaubnis zu bitten. Das war mittlerweile in vielen Fällen äußerst hilfreich und hat seitdem schon häufig genutzt.

Die richtigen Fragen

Mit welchen Fragen beginnt man nun ein Coaching-Gespräch, das wirklich offen werden soll?

Besonders seit der Aufforderung des erwähnten Klienten, der mich bat, ihm alles aus der Nase zu ziehen, was er sich sonst nicht trauen würde zu sagen, fallen mir immer mehr Fragen ein, die man stellen könnte. Dabei stelle ich fest, dass es größtenteils Fragen sind, die mir selbst noch nie gestellt worden sind und ich spüre, wie gut sie mir in manchen Lebensphasen getan hätten. Es sind Fragen, die sich ins Innere richten, in die Tiefe der Person, Fragen in die Dunkelheit des Nichtwissens, des Vergessenen, hinter die Angst und die Scham. Es sind Fragen auf der Suche nach Wahrheit, Klarheit, nach Selbsterkenntnis und persönlicher Begegnung:

Worüber möchtest Du gerne sprechen?

Worüber würde es Dir schwer fallen zu sprechen und worüber möchtest Du doch gerne sprechen?

Welches Setting würde Dir dabei helfen, Dich zu öffnen und zu sprechen?

Was brauchst Du dazu und wie kann ich Dir dabei helfen?

Worüber hast Du noch mit niemandem gesprochen?

Was würdest Du dir vielleicht wünschen, dass ich Dir aus der Nase ziehe?

Was sind Deine geheimsten Wünsche oder Fantasien?

Was würde deren Verwirklichung für Dich bedeuten?

Was wolltest du immer schon einmal einen anderen fragen und wusstest nicht wen oder hast Dich nicht getraut?

Wie würdest Du Dich von Deinem innersten Selbstbild her beschreiben?

Vor was fürchtest Du Dich in der Kommunikation am meisten?

Was macht Dich stark?

Was sind Deine Visionen oder Träume und wofür stehen sie vielleicht?

Welche verborgenen Ängste oder Sehnsüchte trägst Du – vielleicht schon lebenslänglich – mit Dir herum?

Was könntest Du Dir vorstellen, das Dir vielleicht hilft, sie loszuwerden?

Was könnte ich oder sonst jemand irgendwann oder jetzt für Dich tun?

Welche Fantasien, Ideen, Wünsche löst das Gespräch über diese Themen bei Dir aus?

Wie möchtest Du damit umgehen und wie möchtest Du diese Gelegenheit und die daraus gewonnene Einsichten weiter entwickeln?

Diese Fragen teils im Bündel, teils nach und nach gestellt zu bekommen, kann vielen Menschen helfen, sich zu öffnen. Ich habe festgestellt fest, dass sie bei Manchem schon fast automatisch bewirkt haben, dass ihm erhellende Antworten einfallen, die ihn selbst überraschen. Ein Interview mit diesen Fragen kann jedenfalls ein extrem spannendes Gespräch im Sinn einer Reise zur „Erdmitte der eigenen Person" (Karlfried Graf Dürkheim) werden. Dort findet sich meistens hinter aller zwischenzeitlichen Enge ein weiter innerer Freiraum.

Der Freiraum für die Seele

Polarität von Bedürfnissen und Konventionen

Nach den beschriebenen und zitierten hohen Anforderungen möchte ich die Idee eines „Freiraums für die Seele" und der Wege, die ich dahin vorschlage, und zu denen ich Klienten einlade, hier noch etwas weiter ausführen und klären:

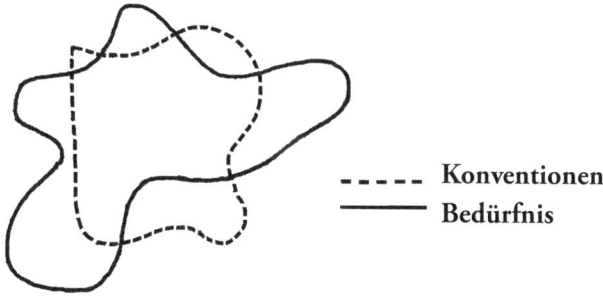

Zunächst gilt es zwei Räume zu unterscheiden:

Erstens gibt es einen Raum der eigenen Gefühle, Sehnsüchte, Wünsche und Bedürfnisse. Es handelt sich dabei um einen ganz persönlichen und individuellen Raum, der in der Grafik rot gezeichnet ist.

Zweitens gibt es einen Raum der Konventionen, der moralische und staatliche Gesetze, Regeln, Pflichten und Tabus enthält, die gesellschaftlich vorgegeben werden. Er ist im Bild oben schwarz dargestellt.

Beide Räume sind fast nie deckungsgleich und stehen meistens in einem Spannungsverhältnis zueinander. Da prallen Herkunft, Biografie, die eigene Person und das ganze äußere Umfeld aufeinander.

Die Räume unterschiedlicher Personen mögen sich teilweise überlappen, sie sind aber grundsätzlich individuell.

So reibt man sich an den jeweiligen Grenzen, versucht sie zu akzeptieren, leidet daran oder versucht sie zu überwinden.

Der entgrenzte Raum

In Coachings versuche ich einen entgrenzten und entgrenzenden konventionsfreien Raum zu schaffen. Es soll Platz für die bewussten und unbewussten Bedürfnisse entstehen und es soll Raum sein, seinen Impulsen und seiner Seele nachzuspüren und ihr Entfaltungsraum zu geben. Auf der Basis von Respekt und spielerisch behutsamer Respektlosigkeit (auch das ist ein Versuch der Dehnung von Begrenzungen) ist da alles zu denken, zu fühlen und auszusprechen erlaubt. Da haben Impulse Vorrang vor Regeln, assoziative Sprünge vor Linearität, und das Spüren von Bedürfnissen steht über Tabus. Neigung zeigt den Weg und manchmal führt er auch durch die Angst hindurch. Alles behutsame und reflektierte gemeinsame Tun ist unterstützende Geburtshilfe bei der Befreiung zur Klarheit.

Alles Heilsame ist geboten und erlaubt, wo das Heilsame nicht eindeutig ist, kann man sich durch behutsame Gedanken- und Fühl-Experimente in diesen Raum hineintasten. Ein solcher Frei-Raum entsteht nicht plötzlich und ist nicht einfach da, sondern er muss in einem kontinuierlichen Prozess gemeinsam erschaffen und erarbeitet werden. Er ist ein Entspannungsraum für die Seele und dient ihrer Entfaltung und der Befreiung der persönlicher Kraft und Kreativität.

Konventionen geben einerseits Sicherheit, andererseits können sie zum Gefängnis werden. Ihre Aufhebung kann entsprechend ebenfalls Ängste und Unsicherheit auslösen, aber auch Neugier und Lust auf Entgrenzung und Befreiung wecken. Meistens kommen beide Gefühlslagen gleichzeitig vor.

Um die Angstschwelle niedrig zu halten, sind Behutsamkeit und kleine Schritte wichtig. Beides hilft dabei, den überwiegend eher langsamen Bewegungen der Seele nachzuspüren und zu folgen. Aber es ist auch wichtig, die zuckenden Ängste, welche die Entfaltung der Seele behindern, und in denen sie verstrickt sein mag, klar von den Bewegungen der Seele zu unterscheiden. Insofern geht es immer auch um die Herausschälung der Seele aus den sie verdeckenden und einschränkenden Ängsten, Zwängen, Konventionen. Dann kann sie wieder ihre Flügel ausbreiten und aus eigener Vitalität erblühen. Wenn das gelänge, wären wir vielleicht alle Engel ...

Die Seele herauslocken

Trotz Einladung zur Mitteilung von verborgenen Wünschen gibt es Schamgefühle, verinnerlichte Tabus und Ängste, die hemmen, das dahinter Verborgene auszusprechen. Der Klient fürchtet, in der Wertschätzung seines Coachs zu sinken. Da aber blockierte Impulse sonst zu Zwangsvorstellungen werden können, ist es wichtig sie auszusprechen und auszufantasieren und dadurch wieder in einen freien Energiefluss zu kommen.

Es muss also im idealen Freiraum im Coaching möglich sein, über alles zu sprechen.

Gerade bei heiklen Impulsen lässt sich die Spannung meistens durch die Frage auflösen: „Was würde das für Sie bedeuten?" Alternativ kann die Frage helfen: „Und wenn das so wäre, was wäre dann das nächste?" So kann man der Richtung mancher Fantasien bis zu ihrem eigentlichen psychischen Ziel folgen.

Man könnte auch fragen: Was ist Dein Gesicht hinter Deiner beruflichen Maske? Was ist Dein Gesicht hinter Deiner privaten Maske? Was ist Dein Gesicht hinter allen Deinen Masken?

Und wenn eine Antwort dann wäre: „Dann hätte ich nicht das Gefühl, mich selbst für diesen Wunsch hassen zu müssen!" dann könnte das der Einstieg in die Erkenntnis sein, dass ein bislang unerfüllter Wunsch oder eine bislang nicht ausgeträumte Fantasie ein Symbol für Liebesbedürftigkeit ist. Schon allein durch solch eine Aufklärung kann sich eine Zwangsvorstellung auflösen ...

Verschiedenartige Freiräume

Dass ein allgemeines Bedürfnis nach solchen Freiräumen besteht, sieht man daran, dass anderswo – allerdings auf oft selbstzerstörerische Art und auf niedrigem Niveau – dafür Alkohol, Drogen, Prostitution oder Ballermannorgien angeboten werden.

Andere Menschen können solche Freiräume auch im Alleinsein, etwa durch Meditation oder beim Tagebuchschreiben für sich finden. Wieder andere hingegen wünschen sich zur

Entwicklung eines solchen Entfaltungsraums einen anderen Menschen, der sie auf diesem Weg als Coach begleitet, oder mit dem als Partner sie diesen Weg gemeinsam gehen.

Freundschaftliche Begleitung

Ein Coach sollte ein „Menschenfreund" sein. Wer sich auf den Weg, anderen Menschen sehr persönlich zu begegnen, einlässt, wird feststellen, dass dieser unvorhersehbare lebendige Prozess des Einblicks in einen Fremden nicht nur ein spannendes, sondern vor allem ein sinnhaftes Abenteuer ist.

Gelingt im Coaching eine freundschaftliche menschliche Beziehung, so ist das ein kostbarer und hoher Wert. Neben der Selbsterkenntnis spielt im Coaching auch Ermutigung zum Handeln eine wichtige Rolle. Auch auf einen Coach bezogen passt dann der Satz: „Unter einem Freund oder guten Lehrer verstehe ich einen Menschen, der mich ermutigt das zu tun, was ich schon immer tun wollte, mich allein aber nicht zu tun getraut habe."

Eine Seelenreise

Der Weg den Coach und Klient zur Freilegung der Seele miteinander gehen, kann manchmal zuerst in die dunklen Abgründe der Seele führen. Trotzdem führt er nicht in die Finsternis, sondern bringt die Klarheit des Bewusstseins als Licht in diese vermeintlichen Abgründe. Wenn man sich nur konsequent weiter vorantastet, wird dabei vieles deutlicher und dabei kann Schritt für Schritt Kraft und Mut für die Veränderung und Gestaltung der Außenwelt entstehen.

Nach meiner Erfahrung nimmt das Interesse an solchen Seelenerkundungen bei Menschen umso mehr ab, je stärker sie in ihren Leben einzementiert, eingeschlafen und resigniert sind. Mancher unternimmt dann nicht einmal mehr den Versuch, mit den Flügeln zu flattern, geschweige denn sie auszubreiten. Viele Menschen haben in ihrer Lebensmitte ihre Träume verloren und kleben dann nur noch dort fest, wo sie gerade sind. Zum Coaching oder zu einer Seelenreise im beschriebenen Sinn kommen deshalb meistens entweder Menschen, die sich mit Neugier auf die Suche nach sich selbst begeben oder die sich in einem Aufbruch befinden, oder diejenigen, die durch Krisen, Krankheiten und Leidensdruck dazu gezwungen sind, etwas in ihrem Leben zu ändern. Dass sie überhaupt zu einem Coaching kommen zeigt, dass sie die Hoffnung noch nicht aufgegeben haben.

Gerade im zweiten Fall ist oft viel Behutsamkeit, Kreativität, persönlicher Zuspruch und Ausdauer erforderlich, um jemandem bei der Freilegung seiner wirklichen Bedürfnisse zu helfen und dabei, die Weichen in seinem Leben neu zu stellen. Da ist ein Coach nicht als äußerer Unternehmensberater, sondern als Seelenfreileger und Seelenfreund gefordert, der jemanden auf seiner Reise zu sich selbst begleitet. Das ist dann wieder „Ganzheitliches Coaching".

Dabei können Menschen immer mehr davon entdecken, wer sie in ihrem Innersten eigentlich sind und wonach sie sich wirklich sehnen.

Für einen Coach ist es manchmal auch deshalb schwer, solche Räume herzustellen, weil er dabei nicht nur den Ängsten, Tabus und Blockaden eines anderen Menschen begegnet, sondern auch seinen eigenen. Insofern muss er sich auch damit auseinandersetzen. Seine Authentizität und Glaubwürdigkeit gewinnt er vor allem dann, wenn er das nicht nur allein mit sich ausmacht, sondern auch seinem jeweiligen Klienten offenbart. Gelingt es dann gemeinsam, einen solchen Raum zu schaffen, fühlt sich das meistens sehr erhebend an.

Coaching kann dann wie eine Insel in der Welt sein, die man sich selbst erschafft, und wo Selbsterkenntnis in behutsamer Konsequenz möglich ist. Der Anspruch, das „ganzheitlich" zu tun, ist dabei nicht ein Marketing-Gag, sondern ein Programm: Keine Aspekte der Person auszuschließen, alle mit hinein zu nehmen und dabei immer präsenter zu werden und sich selbst immer näher zu kommen.

Worte sind oft nur für ein schwaches Indiz für eine viel stärkere persönliche Wahrheit dahinter. Diese Wahrheit zu erforschen, ist der Weg zu sich selbst. Auf dem Weg der Überwindung innerer und äußerer Beschränkungen ist es faszinierend zu erleben, dass sich hinter jedem vollzogenen Schritt neue Ideen, Bilder und Fantasien eröffnen können, unvorhersehbare, neue oder alte in Varianten. Ihnen Raum zu geben, ihrem Strom zu folgen und sich zu bemühen, ihren Sinn und ihre Botschaft zu entziffern, ist die Methode, der ich dabei empfehle zu folgen.

Wenn man sich jeden Menschen als ein Labyrinth vorstellt, in dessen Mitte seine Seele wohnt, dann kann man verstehen, warum es oft so schwer ist, direkt auf andere Menschen zuzugehen und warum es vielen Menschen so schwer fällt, spontan aus sich heraus zu kommen. Man muss sich in kleinen Schritten vorantasten. Dabei kann man sich allerdings darauf verlassen, dass die Seele unterwegs immer Zeichen gibt, wo es lang geht. Man muss sie nur wahrnehmen und deuten können.

In diesem Labyrinth wohnen die Ängste wie Drachen und wilde Tiere und versuchen, die vielleicht bereits verletzte Seele zu schützen, und treiben sie nach innen zurück und hindern jeden, der sich von außen ins Labyrinth hinein zu tasten versucht, zu verjagen. Entsprechend braucht es viel Behutsamkeit, um den Weg nach innen erfolgreich zu gehen. Vielleicht muss man dabei die Ängste so aufwändig besänftigen, wie man wilde Tiere zähmen und anfüttern würde.

Den größeren „Heilungserfolgen" oder den deutlichsten „Entwicklungssprüngen", die wir in Coachings erreichen konnten, gingen fast immer solche inneren „Raumerweitungen" oder „Seelenreisen" voraus. Dabei entsteht dann etwas Bleibendes.

Das, was ich hier eine „Reise zur Seele" nenne, ist vermutlich ein unendliches Projekt. Letztlich habe ich immer empfunden: Das war noch längst nicht alles, da gäbe es noch viel mehr. Nach innen öffnen sich dabei – genau wie nach außen – kosmische Weiten einer ganz andersartigen „jenseitigen" Welt.

Tunneldurchstich zum Selbst

Die eigentliche Aufgabe der Selbsterkenntnis ist es, Antworten auf die Fragen zu finden: Was willst Du eigentlich selbst, wer bist Du und was ist Dein Lebenssinn? Je klarer man sich darüber ist, desto näher liegt es, aus der eigenen Selbsterkenntnis etwas zu machen und sich wieder neu in die Welt einzubringen.

Wer man am Ende gewesen sein wird, entscheidet sich während des eigenen Lebens. Die Frage dabei ist: Entscheidet man es selbst oder lässt man es andere entscheiden? Die alte Aufforderung: „Werde, der du bist!" (Pindar, 5. Jahrhundert v. Chr.) ist nicht nur ein Aufruf, darüber nachzudenken, wer man eigentlich ist und sein will, sondern beinhaltet auch die Fragen: „Bist Du jetzt schon der, der du gewesen sein willst oder läufst du gar in die entgegengesetzte Richtung? Lässt du dich treiben oder drängst du aktiv zur Verwirklichung deines wahren Wesens? Bist du verspätet, verhindert, oder schläfst du einfach noch? Wird dein Leben eine verpasste Gelegenheit gewesen sein oder sogar jeder Tag, jede Woche, jeder Monat und jedes Jahr? Was wirst Du bereuen, was wirst du vermissen, was würdest du später gerne damals getan haben? Was willst und wirst Du also tun?"

Verpasste Gelegenheiten, verlorene Zeit, – das kann in Häufung und Summe zur Krise und zum persönlichen Lebensdrama werden. Die Welt lacht unterdessen hämisch und schadenfroh. Die Menschen loben und belohnen einen am stärksten, wenn sie einen für ihre eigenen Zwecke benutzen können. Dafür entmutigen sie einen häufig bei eigenen Impulsen und muten einem Schuld- und Minderwertigkeitsgefühle zu. Wenn jeder an sich denkt und verlangt, von anderen emphatisch und hilfsbereit unterstützt zu werden, dann: „Wehe! wenn du an dich denkst!" Dann bist du „egoistisch und asozial".

Was gibt es Kostbareres als die eigene Lebenszeit? Und wie viele Zeiträuber sind unterwegs, sich ihrer zu bemächtigen und anderen damit Ihr Leben und Ihre Identität zu rauben?

Ist nicht der Preis immer lächerlich gering, zu dem man seine Zeit bestmöglich zu verkaufen sucht? Von allem Geld der Welt kann man sich keine neue Lebenszeit kaufen. Die eigene Uhr läuft ab. Vielleicht ist man sich dessen lange nicht bewusst. Aber wer erst zum Schluss Bilanz zieht, merkt vielleicht zu spät, was er verpasst hat, und dass sich nachträglich nichts mehr ändern lässt.

Wenn man dann mit seiner Vergangenheit konfrontiert wird (oder sich selbst damit konfrontiert), würde man vielleicht manches lieber anders getan haben. Damals hat man vielleicht unbedacht gehandelt oder sich um einen schnellen Vorteil bemüht, aber später erweist sich das alles als unveränderbar in die eigene Biographie eingraviert. Ein bewusstes und vorausschauendes Handeln, das sich an klaren eigenen Werten orientiert, wäre da frühzeitig von Vorteil.

„Was auch immer du tust, tue es klug und bedenke dabei das Ende" ist eine alte, Pythagoras zugeschriebene Lebensweisheit. Ähnliches deutet sich im Satz: „Der Wahn ist kurz, die Reu' ist lang", von Friedrich Schiller im Gedicht „Die Glocke" an. Der Philosoph Baruch Spinoza (1632-1677) gibt die Lebensempfehlung, die Dinge und das eigene Verhalten gelegentlich „sub specie aeternitatis", das heißt: „unter der Hinsicht der Ewigkeit" zu betrachten. Alle drei Sätze verlangen die Klärung dessen, und helfen dabei zu erkennen, was man auf Dauer und im Ganzen eigentlich wirklich will. Sie können helfen, die eigene Identität zu finden, sie zu bilden und zum Mittelpunkt und Maßstab des eigenen Handelns zu machen.

Aber man muss nicht auf alte Weisheiten zurückgreifen. Persönlicher und individueller ist es, sich Zeit zur Selbstre-flexion zu nehmen und den Tunneldurchstich zu sich selbst zu unternehmen. Das bedeutet: Sich Klarheit über die eigenen Maßstäbe und Lebenswerte zu verschaffen, sich zu fühlen und seine eigene Wahrheit und seinen Sinn zu erkennen und daran zu arbeiten, sie in der Welt Wirklichkeit werden zu lassen. Das ist dann im Wortsinn: „Selbstverwirklichung".

Leider hat man keinen Zauberstab, um sich und alles um sich herum sofort in diesen Idealzustand zu versetzen. Aber man kann in vielen Hinsichten daran arbeiten mit sich und der Welt in Einklang zu kommen. Das bewirkt dann eine gute biographische Balance, die ihren Schwerpunkt in der eigenen Mitte, im Selbst, hat. Von dort aus lassen sich dann äußere Polaritäten wie Pflicht und Freiheit, Beruf und Familie, Mühe und Lust ebenfalls in Balance bringen.

Wenn es gelingt, dieses dynamische Gleichgewicht im bewegten Prozess des Lebens immer wieder herzustellen, und dabei jedem Pol seine freie Beweglichkeit zu lassen, dann nennt man dies Gelingen: „Glück".

Seelenbewegungen

Der Verstand bewegt sich und wird bewegt,
das Gefühl wogt auf und nieder,
auch die Seele regt sich, doch langsam nur,
wer ruft sie und erweckt ihre Lieder?

„Halt inne Verstand, halt inne Gefühl!
Was, Seele, willst Du mir sagen?
Wo strebst Du hin, wo führst Du mich um,
wohin willst du mich tragen?

Versteh' ich dich recht? Was bedeutet der Traum?
Was willst Du mit Krankheit mir sagen?
Gefühle so dunkel, Gefühle so hell -
Wie viele schwierige Fragen!"

Der Seelenweg wird zum Kreise rund,
dem, der folgt seinen Zeichen;
zu Gesundheit und Kraft, zu Freude und Glück
wird dieser ihm gereichen.

Winfried Prost

Bauanleitung für einen geistigen Freiraum

Eigentlich braucht und gibt es keine lernbaren Tools, um das Vertrauen zu gewinnen, auf dessen Basis überhaupt eine Seelenreise und den dies initiierenden vertraulichen Gesprächen kommen kann, bei dem jemand sein Herz öffnet und ausschüttet. Vertrauen kann nicht technisch erzwungen werden. Es entsteht allenfalls als Reaktion auf die Behutsamkeit, das echte Interesse und die spürbare Empathie eines anderen Menschen. Möge also der klügste Coach erst einmal lernen, sich selbst zurückzunehmen und dennoch menschlich präsent zu sein.

Trotzdem sollen nach manchen beschwörenden bisherigen Worten auch ein paar konkrete Handlungsempfehlungen folgen, wie Coach und Klient gemeinsam, einen geistigen Freiraum schaffen zu können:

Empfehlungen an den Klienten:

1. Bitte Deinen Coach um einen weiten, möglichst unbegrenzten emotionalen Raum, in dem sich Dein Geist, Dein Herz und Deine Seele entfalten und ausbreiten können.

2. Sei dankbar, wenn jemand mit Dir gemeinsam diesen Raum betritt.

3. Bitte Deinen Begleiter Dir beizustehen, wenn Du etwas in Dir spürst und entdeckst, was Dich ängstigt.

4. Stell keine Forderungen an den Coach, sondern vertraue ihm Deine Gefühle, Sehnsüchte, Wünsche und Fantasien an.

5. Bitte ihn gegebenenfalls, Dir die Wünsche und Fantasien aus der Nase zu ziehen, die Du Dich nicht traust auszusprechen und zu offenbaren.

6. Entdecke die Bewegungen der Seele in Dir und lasse Dich von ihnen führen. Die Seele weiß den richtigen Weg und die richtige Geschwindigkeit. Meistens sind die Bewegungen der Seele sehr langsam, sie können sich aber auch in Gedankenblitzen oder plötzlichen Gefühlswallungen zeigen.

7. Lerne die Bewegungen der Seele von den Zuckungen Deiner Ängste und Traumata zu unterscheiden und folge nur den Impulsen der Seele. Sie ist die authentische, kreative und heilende Kraft in Dir.

8. Gibt Deiner Seele Zeit, sich immer klarer zu zeigen. Sie ist es vielleicht nicht gewohnt. Spüre ihr nach und lass Dich von ihr auf den Weg zum Einklang mit Dir selbst, zu Heilung und einer charismatischen Ausstrahlung führen.

9. Bleibe immer bei Dir selbst und in Deiner Autonomie. Lass Dich nirgendwo hin locken, wohin Du nicht willst.

10. Manchmal führt der Weg da entlang, wo Deine Ängste sind, aber die Geschwindigkeit bestimmst Du. Orientiere Deinen Begleiter, wie er Dir auf diesem Weg helfen und assistieren kann.

Empfehlungen an den Coach:

1. In einem Freiraum für die Impulse des Anderen ist auch Platz für dessen Wünsche und Bedürfnisse geliebt zu werden. Diese Wünsche können auch an den Coach gerichtet werden. „Man nennt dies Übertragung". Halte dies für legitim und begegne diesen Gefühlen mit großem Respekt, aber sei Dir auch klar, dass Du nicht die Person bist, die geliebt wird, und dass Du diese Bedürfnisse nicht erfüllen brauchst.

2. Wenn ein Klient Wünsche an Dich äußert, die Deine Grenzen berühren und Dich vielleicht verunsichern, frage ihn, was ihm diese Wünsche und deren Erfüllung bedeuten würden und wofür sie stehen.

3. Sei authentisch und teile dem Klienten durchaus Deine persönliche Reaktionen auf seine Mitteilungen, Impulse oder Wünsche mit. Zeige ihm worauf es Dir leicht fallen würde, einzugehen, und was sich für dich schwieriger oder schwer anfühlt.

4. Verletze den anderen nicht durch Zurückweisungen sondern lote mit ihm aus, worum es ihm in seinen Fantasien, seiner Bedürftigkeit oder Sehnsucht geht. Schaue mit ihm, wo und wie es für ihn angemessene oder annähernde Erfüllungen seiner Bedürfnisse geben kann.

5. Halte es für wahrscheinlich, dass in den heikelsten Impulsen und Fantasien des anderen seine größten Bedürftigkeiten und seine tiefsten Sehnsüchte wohnen. Gehe entsprechend behutsam damit um und frage genau dort weiter nach.

6. Gib niemals eine unechte Zuwendung aus Mitleid, das würde der geöffneten Seele eine erneute Kränkung zufügen.

7. Bleib in allem immer bei Dir selbst. Du trägst für Dich die volle Verantwortung.

8. Betrachte dich als Begleiter auf einer Reise, deren Weg der andere bestimmt. Du darfst ihn auf Abgründe aufmerksam machen, ihm Ideen anbieten, aber du sollst seine Entscheidungsfreiheit achten.

9. Stell dir vor, dass das Ziel dieser Reise ein Tempel sei, in dem die Seele wohnt.

10. Wenn es auf dieser Reise – im Coaching – so wie vielleicht bei einem guten Tanz gelingt, sich aufeinander einzuschwingen und zu gemeinsamen Seelenbewegungen zu finden, ist das meistens förderlich und wird als beglückend erlebt. Das darf so sein, ist aber kein Grund zu „heiraten". Als guter Tänzer kann man auf einem Ball mit vielen im Gleichklang tanzen und doch wieder mit dem eigenen Partner nach Hause gehen.

Nonverbale Methoden zur Befreiung des Selbst

Vieles, was im Unterbewusstsein passiert, findet nicht den Zugang zum Geist und ist daher zunächst der Sprache und dem Gespräch nicht oder nur schwer zugänglich. Das gilt insbesondere, wenn es bereits körperliche Symptome gibt. Da sind dann oft Methoden hilfreich, die ohne Worte auskommen. Einige davon sollen hier erwähnt werden. Sie zu vertiefen gibt es andere Literatur:

- Meditation
- Atmungsübungen
- Handauflegen
- Massagen
- Intuitives Zeichnen
- Singen und freies Tanzen
- Traumarbeit
- Geführte Fantasiereisen
- Energiearbeit

Bei all diesen Methoden geht es immer darum, mit der persönlichen Energie zu arbeiten. Eigentlich ist all das „Energiearbeit". „Vollkommenheit" ist, wenn man dem Wortsinn nachspürt, ein Zustand, in dem einen alles voll kommt – das Lachen, das Weinen, das Lieben, die Wut und die Verdauung ... Das bedeutet: Wenn nichts davon blockiert ist, sondern die Energie jedes Impulses frei fließen kann.

Nach indischer Auffassung ruht am unteren Ende der Wirbelsäule die Schlange der Kundalini, das ist die Lebensenergie. Sie soll geweckt werden und durch den ganzen Organismus auf dem Weg durch sieben Chakren nach oben fließen. Entsprechend können außer verbalen auch nonverbale Methoden, zum Beispiel heilender Meditations- und Körperarbeit, helfen, sich zunächst von oben nach unten, bzw. von außen nach innen zu öffnen, um dann die Lebenskraft aus ihrem Verließ an der Basis zu befreien und ihr den Weg nach oben zu bahnen.

Auf diesem Weg kann man Kontakt zu seinem Unterbewusstsein aufnehmen, Blockaden erkennen, sie auflösen, und die inneren Kräfte seines Unterbewusstseins aktivieren.

Im positiven Sinn dient all das einer Klärung des Geistes, einer Öffnung des Herzens, der Befreiung von Ängsten und Schuldgefühlen, und der Erweckung der Lebenskraft.

Manches kann man bei all dem allein tun, anderes ist zu zweit oder in der Gruppe effektiver. Nur eine Methodik funktioniert nicht: Die gegen den Willen des Betroffenen.

Partnerschaftlichkeit

Bei den meisten Menschen funktioniert nichts, wenn sie sich unsicher und ungeborgen fühlen. Sie wollen partnerschaftlich behandelt sein, sich ernst genommen fühlen, ihr Gegenüber irgendwie sympathisch finden und dessen Begleitung als von einer echten persönlichen Zuwendung getragen empfinden. Da sind sie hypersensibel.

In vielen Untersuchungen ist die Beziehung zwischen Therapeut und Klient studiert worden und die Ergebnisse sind immer wieder eindeutig: Der Erfolg liegt nicht an der Technik, sondern an der Beziehung zwischen Klient und Therapeut/ Coach: Es braucht in erster Linie Vertrauen und die Geborgenheit einer authentischen persönlichen Beziehung.

Auf dieser Basis lässt sich dann auf verschiedene Weise und je nach Methode auch in unterschiedlichen Intensitätsgraden oder Levels arbeiten.

Kommunikations- und Coachinglevels

Schon „normale" Kommunikation kann in unterschiedlicher Intensität und Verbindlichkeit geführt werden:

- Geplauder (über das Wetter, Gott und die Welt)
- Themenzentrierter Informations- und Meinungsaustausch
- Persönliches Gespräch
- Unverbindliche Absprache
- Verbindliche Zusage
- Versprechen
- Schwur

Ähnlich lassen sich im Coaching unterschiedliche Intensitätsgrade oder Levels unterscheiden:

1. Vorgespräch
2. Problem- und sachorientierte Beratung
   – Analyse und situative Lösung
3. Persönlichkeitsbezogenes Coaching:
   – Analyse von Einstellungen und Verhaltensmustern
   – Handling dieser Einstellungen oder
   – Einstellungsänderung
4. Familien- und/oder organisationssystemische Analyse
5. Intuitiv- assoziatives Gespräch
6. Traumdeutung
7. Entdeckung unbewusster Anteile und deren Integration
8. Einbeziehung des Körpers, seiner Symptome und Impulse
9. Ganzheitlich psychosomatische Symptomanalyse
10. Analyse von seelischen Bildern und Impulsen aus Köperarbeit
11. Symbolische Lösungen
12. Freier Energiefluss

In meinem Selbstverständnis als Coach unterscheide ich diese Levels und stelle fest, dass sich die meisten meiner Klienten kaum mehr als die ersten zwei vorstellen können. Bis dahin geht es ja auch nur zur Sache. Bei den späteren kommt man dann zur Person, dann zu deren Ängsten und schließlich hinter den Verhaltensmustern und Programmen zu den unterbewussten Strukturen und Bedürfnissen. Dahinter gelangt man dann erst zur inneren Energiequelle, nenne man sie „Seele" oder „Selbst".

Coaching ist Philosophieren im Alltag

Verbreitete Assoziationen über Philosophen sind: Sie sprechen druckreif in abstrakten Begriffen, man kann sie zitieren, sie sind Weise und ihnen gegenüber ist der Laie ungebildet und dumm. In Wirklichkeit ist diese Auffassung dumm, denn fast jeder philosophiert laufend im Alltag. Er denkt nach über Gott und die Welt, entwickelt im Lauf der Jahre seine eigene Weltanschauung und denkt oder grübelt darüber nach, wie er seine Probleme löst, wie er seine Ziele erreicht, oder welche Lebensziele und welchen Lebenssinn er überhaupt für sich sieht und setzt.

Aber man philosophiert nicht nur allein, viel „lustiger" ist es, wenn man mit jemand anderem über seine Probleme reden kann. Anspruchsvoller und professionell wird das besonders dann, wenn der andere schon länger hauptberuflich darüber nachdenkt, wie man Probleme löst oder Ziele erreichen kann und wenn er an solchen Problemlösungsprozessen aktiv beteiligt war. Als besonders nützlicher Begleiter erweist sich ein solcher Berater, wenn er nicht ständig fertige Lösungen von neulich ausspuckt, sondern wenn er aktiv in den aktuellen

Reflexionsprozess einsteigt, viele gute Fragen stellt und sich engagiert, eine individuell passende Lösung zu kreieren.

Wenn dabei auch die sonst schlafenden Kräfte des Unterbewusstseins und der Intuition geweckt werden und man im Gespräch den lebendigen „Flow" spürt, staunt man schließlich oft über die überraschenden Lösungen, die der befreite Geist kreiert.

Wer einen solchen Prozess erlebt hat, orientiert sich nicht mehr in erster Linie an der Vergangenheit. Er braucht auch keine alte Philosophie zu studieren oder zu lehren, sondern er tritt immer wieder mit dem Vertrauen eines (Er-)finders in neue Gespräche und Reflexionen ein. Er lässt neue Einsichten, Erkenntnisse, Klarheiten, die zu Fortschritten führen, einfach geschehen. Er glaubt nicht an eine Lehre, sondern vertraut dem Geist und den Kräften der Seele.

Philosophie in diesem Sinn ist nicht mehr Liebe zu irgendeiner feststehenden ewigen Weisheit, sondern die Verbindung mit einer lebendigen, kreativen Quelle in uns, die uns mit Weisheit nährt. Nichts anderes sollte Coaching im besten und lebendigsten Sinn für alle Beteiligten sein.

Was ganzheitliches Coaching leisten kann

Fragen wir nun zum Schluss noch einmal konkret und nicht mehr in metaphorischer Sprache: Was kann ein solches ganzheitliches Coaching leisten? Welche Probleme lassen sich dadurch lösen? Was lässt sich dadurch schaffen oder sogar heilen?

(Selbst-)Bewusstheit

Die erste erstaunliche Beobachtung, die man beim Coaching machen kann, ist die Feststellung: Wer Zeit und Raum hat, sich durch geistige Reflexion etwas bewusst zu machen, kann dadurch ohne äußeres Hinzutun zu neuen Einsichten gelangen. Dabei wird nicht Wissen vermehrt, sondern Bewusstheit geschaffen. Viele Meditationsformen beginnen damit, die Konzentration auf den Atem zu lenken. Dabei kann das Bewusstsein gebildet werden: Ich lebe, das Leben durchströmt mich, ich bin frei von Schmerzen und stehe im lebendigen Austausch mit der Welt. Mein Leben ist ein Geschenk. Wie herrlich, wie kostbar! Entsprechend lassen sich auch in Business-Konflikten immer neben den negativen zugleich positive Aspekte bewusst machen: Was lerne ich daraus? Wozu fordert mich das heraus? Wie engagiert oder leidenschaftlich kämpft doch der Gegner! Den müsste man vielleicht doch auf seiner Seite haben ... Solche Bewusstwerdung kann Einstellungen und Verhalten ändern, zu neuen Lösungsideen führen und durch neue Impulse Situationen und Personen verändern.

Harmonie und Gesundheit

Hinsichtlich körperlicher und psychischer Symptome darf ein Coach keine Heilungen verheißen. Er würde sich sogar strafbar machen. Es zeigt sich aber, dass bei der Lösung innerer oder äußerer Konflikte oder Blockaden, insbesondere wenn es alte und uralte sind, körperliche oder psychische Symptome, die in deren Folge entstanden sind, als Nebenwirkung nachlassen oder verschwinden können. In der Psychosomatik spricht man von „somatisierten" Konflikten. Manchmal können solche Konflikte durch reine Bewusstseinsarbeit wie oben beschrieben gelöst werden. Manchmal auch durch dabei erarbeitete auflösende Handlungen. echte oder symbolische Handlungen. Im Sinn der mit solchen Lösungen verbundenen Folgeeffekten sollte man Macht und Wirkung von Coaching nicht gering einschätzen.

Aktivierung von Selbstheilungskräften

Wenn man sich das Immunsystem als Teil der Schutz- und Selbstheilungskräfte des Menschen vor Augen stellt, so wird klar, dass nicht allein die Beseitigung von Symptomen zu einer ganzheitlichen Gesundheit und Zufriedenheit beitragen können, sondern dass alle Belastungen des Immunsystems, des Körpers und der Psyche das System Mensch anfälliger für Störungen seines Gleichgewichts bedeuten. Entlastet man einen Mensch durch Coachingarbeit von einem Teil seiner Lasten, entrümpelt etwa sein berufliches und sein privates Umfeld von Aufgaben, Pflichten, Konflikten und sonstigen Lasten, befreit ihn von beeinträchtigenden Grundeinstellungen, Ängsten und negativen Selbstbildern, so wird all das seiner körperlichen und seelischen Gesundheit zugute kommen. Wo ein Samen unter Asphalt begraben liegt, kann er normalerweise nicht keimen und leben. Wird aber die Versiegelung entfernt, so wird er bei günstigen Umständen wieder aufleben und sich zu entfalten beginnen. Auch das ist eine Metapher dafür, wie man durch Freilegung der Seele deren innere Wachstums- und Selbstheilungskräfte reaktivieren und aktiv für Heilung und Lösung mit einbeziehen kann. Man darf sogar auf manche kleinen oder größeren Wunder hoffen.

Umprogrammierung „Morphogenetischer Felder"

Sich selbst so umzuprogrammieren, dass die eigenen Selbstheilungskräfte aktiviert werden, scheint in der beschriebenen Hinsicht möglich. Darüber bietet aber die Theorie der „Morphogenetischen Felder" von Rupert Sheldrake Grund zu weiterem Optimismus. Sie geht davon aus, dass jeder Teil von Energiefeldern ist, die ihn Teil beeinflussen, die er aber auch durch seine eigenen Einstellungen und Einstellungsänderungen mitgestalten und mit programmieren kann. Ein alter Satz lautet: „Dem Tüchtigen ist das Glück hold", ein anderer: „Wie man in den Wald hineinruft, so schallt es heraus." Wieder ein anderer: „Jeder ist seines Glückes Schmied." Im Sinn von Sheldrakes Theorie bedeutet das: Die Feldresonanz, also das, was von außen her auf einen zukommt, wird durch den Handelnden selbst mit verursacht. Entsprechend könnte man auch sagen: „Mut tut gut."

Entfaltung der eigenen Person

Wenn man von Persönlichkeitsentwicklung spricht, denkt man meistens an eine langsame Weiterentwicklung oder hat vielleicht das Bild einer sich öffnenden Knospe vor Augen. Das mögen durchaus geeignete Bilder sein. Man kann den Begriff aber auch im Sinn einer Befreiung von Verwicklungen als eine „Entfesselung" von zuvor gebundener Energie auslegen. Gelingt es, sie auf konstruktive Weise zu befreien und anstelle destruktiver Eruptionen einen zielfokussierten Einsatz zu bewirken, so lässt sich die Verwirklichung eigener Ziele mit dieser Energie fördern. Solche Befreiung aus ihrer Gefangenschaft ist der eigentliche Wert und Nutzen eines auf diese Art gelingenden Coachings: Da entsteht Freiraum für die Seele.

Die Quelle ist in Dir

Weisheit muss man nicht lernen, man kann sie entdecken.

Philosophie braucht man nicht studieren, man sollte einfach philosophieren.

Philosophieren ist ein lebendiger und leidenschaftlicher Prozess.

Das Staunen über all das, was einem einfallen kann, ist der Beginn aktiven Philosophierens.

Weisheit ist kein Inhalt, sondern eine lebendige Quelle in jedem von uns. Übe aus dieser Quelle zu trinken.

Lass uns miteinander reden.

Lass uns einander schwierige Fragen stellen und sie aus eigener Kraft beantworten.

Erwecke meine Weisheitsquelle, indem Du durch dein Fragen daran saugst.

Erlebe, dass Du zu Größerem fähig bist, als Du bislang geahnt hast.

Sokrates schrieb und lehrte nichts, sondern fragte nur exzessiv.

Philosophieren heißt selber denken, allein, zu zweit oder zu dritt ... und sich und seine Denk- und Lebensgewohnheiten infrage zu stellen.

Denken wir doch einmal gemeinsam, ausdauernd und in Ruhe darüber nach.

Wollen wir es „Coaching" nennen oder „gemeinsam philosophieren" oder: „ein ernsthaftes freundschaftliches Gespräch"?

Gib Dich leidenschaftlich der Faszination solcher Gespräche hin und entscheide Dich, dafür viel Zeit zu haben.

Wenn Du loslegst, werden Dir immer wieder neue Ideen zuströmen. Jeder hat ständig neue Ideen.

Manchmal reimen sich Deine Ideen, manchmal komprimieren sie sich zu Gedichten, manchmal singst Du sie.

Früher dachte man, es seien die Musen oder der Heilige Geist. Erlebe: Es ist etwas aus Dir selbst.

Das Glück kommt aus Dir selbst.

Es geht immer weiter, Dir fällt immer wieder noch etwas Neues ein.

Der Coach sei ein Spiegel, manchmal ein Vergrößerungs-spiegel, manchmal einer zum Verkleinern. Aber kein Monitor mit eigenen Filmen.

Ich will andere Menschen verstehen und glaube an die kreative Kraft des Geistes. Deshalb sei ein wacher und aufmerksamer Gesprächspartner.

Ein gutes und lohnendes Gespräch dauert nach meiner Erfahrung mindestens drei störungsfreie Stunden.

Frage Dich, was Du denken würdest, wenn Du einmal nicht um Anerkennung buhlst.

Frage Dich, was Du denken würdest, wenn Du einmal keine Angst hast.

Lerne frei denken jenseits aller Denkverbote und Tabus.

Denke das Unmögliche als Möglichkeit.

Übe Dich zu spüren, Deine Gefühle zu fühlen, Deine Sehnsüchte zu bemerken.

Entdecke die Signale Deines Unterbewusstseins, mach Dir Deine inneren Impulse bewusst und denke sie einmal konsequent weiter.

Denk Dich frei! Übe frei zu denken. Werde ein Frei-Denkender. Schaffe Dir einen weiten geistigen Raum, offen und ohne Regeln.

Nur das Gefühl alles tun zu können, bringt Dich dazu, alles auszusprechen, was Du möchtest.

Erlaube Dir Dich selbst.

Weitere Literatur von Winfried Prost

Prost, Winfried	Aus Partituren des Schicksals, Schicksale und Krankheiten tiefenpsychologisch gedeutet, Lingenbrink o. J.
Prost, Winfried	Körperliche und psychische Symptome und die Geschichten dahinter, Hess-Verlag 2011
Prost, Winfried	Coaching-Brevier – 150 Goldene Regeln für Ganzheitliches Coaching, Akadmiereihe 2011
Prost, Winfried	Coaching als Mitarbeit an der Evolution 15 Beiträge und Reflexionen, Akademiereihe 2011
Prost, Winfried	Coaching – erkennen, verstehen, lösen –13 essentielle Methoden Akademiereihe 2012
Prost, Winfried	Dialektik – Die Psychologie des Überzeugens – Wie Sie Gespräche und Verhandlungen optimieren, Gabler 2008
Prost, Winfried	Glasperlenspiele, vom tieferen Sinn unserer Worte. Akademiereihe 1999
Prost, Winfried	Führen mit Autorität und Charisma, Gabler 2008

Prost, Winfried	Manipulation und Überzeugungskraft. Wie Sie andere gewinnen und sich vor Fremdsteuerung schützen, Gabler 2009
Prost, Winfried, Hrsg.	Vom Umgang mit schwierigen Menschen, 12 Experten schildern ihre schwierigsten Fälle, Gabler 2009
Prost, Winfried	Rhetorik und Persönlichkeit – Wie Sie selbstsicher und charismatisch auftreten, Gabler 2009
Prost, Winfried	Führe dich selbst! Die eigene Lebensenergie als Kraftquelle nutzen, Gabler 2010
Prost, Winfried	Vertrauen und Verrat, Hess 2013

Der Autor

Dr. phil. Winfried Prost ist Leiter und Gründer der Akademie für Ganzheitliche Führung in Köln und Zürich. Seit 1985 bietet er Seminare und Coachings vorwiegend in seinem Seminarhaus in Köln an.

Er hat etwa 1.650 Kommunikations- und Persönlichkeitsseminare und 16.000 Einzel-Coachings für Führungskräfte und Geschäftsführer der meisten namhaften deutschen und schweizerischen Unternehmen durchgeführt und erhielt Lehraufträge von verschiedenen Universitäten und Hochschulen. Er studierte Philosophie, Theologie und Pädagogik und arbeitet systemisch und ganzheitlich.

Er lebt in Köln und Zürich und ist Vater von sechs Kindern.

Seit 2001 bildet Winfried Prost Coaches aus.

Als Autor und Herausgeber von 29 Büchern und zahlreichen Broschüren und Fachartikeln schrieb er zu den Themen: Dialektik, Rhetorik, Selbstführung, Persönlichkeits-bildung, Führung und Coaching, Gesundheit und Life-Balance.

Seit 2010 ist er Präsident des Verbandes Ganzheitliches Führungs- und Persönlichkeits-Coaching.e.V.

2012 erhielt er den Platin Award Outstanding Teaching der ZFU International Business School Zürich.

Kontaktaufnahme über:
www.winfried-prost.de
kontakt@winfried-prost.de